마음의 고향

마음의 고향 제四권

지은이 | 淸華 큰스님
엮은이 | 정환담, 김영동
펴낸이 | 김원중
발행인 | 旲 旻

편 집 | 백진이, 김애경
디 자 인 | 옥미향, 송효신
마 케 팅 | 배병철
관 리 | 박선옥

초판인쇄 | 2008년 9월 15일
초판발행 | 2008년 9월 20일

출판등록 | 제301-1991-6호(1991.7.16)

펴 낸 곳 | (주)상상나무
         도서출판 상상예찬
주   소 | 서울시 마포구 상수동 324-11
전   화 | (02)325-5191 팩   스 | (02)325-5008
홈페이지 | http://smbooks.com

ISBN 978-89-86089-21-9 03220

값 11,000원

마음의 고향

清華 큰스님 법문집

제四권

無我 · 無所有法門

무아 · 무소유법문

상상예찬

　전문적인 참선(參禪) 명상수행자(瞑想修行者)뿐 아니라 여러 가지
병고(病苦)와 불안의식 속에서 현대를 살아가는 어느 누구에게나 청
화(清華) 큰스님의 법문은 언제나 감로(甘露)의 향기와 같이 최선의
행복(幸福)과 참다운 마음의 평화(平和)와 영원한 해탈의 자유(自由)
를 가져다주었습니다.

　그동안 청화대선사(清華大禪師)의 금구성언(金口聖言)을 금륜회
(金輪會)에서 '마음의 고향' 소책자로 발간하여 법보시(法布施)로
널리 보급한 바 있습니다. 이제 인연이 되어 소책자 전체를 단행본
전집 시리즈로 발간하기로 사부대중의 의견을 모았습니다.

　그렇게 기획된 「마음의 고향」 시리즈는 불도(佛道)와 참선의 기본 의
미를 알려주는 제1권 '순선안심법문' 편을 시작으로 수행자(修行者)들
이 지켜야 할 계율과 마음가짐을 일깨워주는 제2권 '수행자법문' 편,
진여실상(眞如實相)을 강조하신 법문을 모은 제3권 '진여실상법문(眞
如實相法門)' 편 그리고 이번에는 특별히 반야바라밀법문을 모아 제4
권 '무아·무소유법문(無我·無所有法門)' 편이 발간되었습니다.

　큰스님께서는 참선 명상수행의 핵심을 20여년의 장구한 세월동안

'정통선(正統禪)의 향훈(香薰)'에서 '원통불법(圓通佛法)의 요체(要諦)'로 이끌어주시면서 법이자연(法爾自然)으로 수행자(修行者) 스스로 선오후수(先悟後修)의 순선안심법문(純禪安心法門)인 염불선(念佛禪)에 접근할 수 있도록 팔만사천법문(八萬四千法門)뿐만 아니라 형이상하(形而上下)를 넘나들면서 인류의 최고도의 정신문화(精神文化)로 회통(會通)시켜 주셨습니다.

항상 진리(眞理)의 비로봉(毘盧峰) 실상(實相)자리에서 삼천대천세계를 심안(心眼)으로 조망(眺望)하시면서 심오(深奧)한 논리와 해박(該博)한 지혜(智慧)로 현대인들의 근기(根機)에 맞게 평이하게 설파하신 큰스님 법문은 종파(宗派)는 물론 종교(宗敎)까지도 초월해서 일반 참선(參禪) 명상 수행자(瞑想修行者)들에게 필독 교과서(敎科書)가 될 것임을 확신합니다.

바르게 보면 이 자리가 바로 극락세계(極樂世界) 이상향(理想鄕) '마음의 고향(故鄕)'입니다. 현전(現前)의 일체존재(一切存在)가 본래시불(本來是佛)로 항상 염불삼매(念佛三昧) 속에서 순수생명(純粹生命)의 광명(光明)으로 찬란하게 장엄(莊嚴)하고 있습니다.

항상 나무아미타불! 염념상속(念念相續) 기원 드립니다.

2008년 9월

聖輪寺 住持 昊 曼 合掌

나도
찰나도 쉬지 않고 용맹정진(勇猛精進)하여
불심(佛心)을 깨우고
무아(無我)의 경지, 부처의 자리를 찾는다!

나무아미타불(南無阿彌陀佛)!

무아·무소유법문 (無我·無所有法門)

一. 日日是好日 일일시호일　　　　　　　　10

二. 同體大悲 동체대비　　　　　　　　　45

三. 萬法歸一 만법귀일　　　　　　　　　63

四. 우주는 하나의 생명체　　　　　　　　83

五. 靈駕薦度法門 영가천도법문　　　　　102

六. 일체존재는 한 생명체　　　　　　　　123

七. 無我 무아　　　　　　　　　　　　　172

부록

- 청화 큰스님께서 미국에 오신 뜻은?　　　　198

부처님은 동일한 우주의 생명이기 때문에 여러분들께서 아미타불을 외우든 관세음보살이나 지장보살이나 하나님이나 알라신을 외우든 다 같은 부처님자리입니다.

이 부처님, 저 부처님, 이 보살, 저 보살, 뿔뿔이 따로따로 존재한다고 하면 그것은 미개한 시대의 다신교(多神敎) 신앙이지 가장 보편적이며 궁극적인 가르침인 불교는 아닙니다.

보살이나 선지식들의 가르침은 옳은 것이니, 자기가 선택한 공부방법대로 일심정념(一心正念)으로 정진해나가면 날로 번뇌는 가벼워지고 공덕은 쌓여 몸도 마음도 갈수록 맑고 밝아지며 마침내 오랜 과거로부터 익혀온 습관을 모조리 버리고 근본성품인 진여불성을 깨달은 성자가 되는 것입니다.

1

一. 日日是好日 일일시호일

二. 同體大悲 동체대비

三. 萬法歸一 만법귀일

四. 우주는 하나의 생명체

一. 일일시호일(日日是好日)

저는 이렇게 법상(法床)에 올라오지 않고 그냥 소참법문(小參法門)으로 하면 횡설수설(橫說竪說)이지만 말이 제법 잘 나옵니다. 이렇게 격식에 맞춰 바르게 올라와 앉아놓으면 위축되어서 좀 거북합니다. 그러나 할 수 없이 무슨 말씀을 드려야겠지요.

상당(上堂)이라 하는 이것은 그렁저렁 상대(相對) 유한적(有限的)인 말을 할 수 있는 그런 자리가 아닙니다. 오직 상(相)을 떠나고 개념(槪念)을 떠난 그런 절대적(絶對的)인 말을 하는 자리입니다.

따라서 여느 도인(道人)들은 지지리 애써서 상당(上堂)에 모셔 놓으면 눈만 끔벅끔벅 하시다 그냥 내려와서 가버립니다. 그러기에 원주(院主)스님이 뒤따라가면서 '우리가 애쓰고 모셨는데 왜 한 마디도 않고서 가시느냐'고 하니까,

"경(經)을 잘 설(設)하는 강사(講師)가 있고, 법(法)을 잘 설(設)하는 법사(法師)가 있다. 나는 선사(禪師)인데 선사인 나한테 무슨 말을 하라고 하느냐?"

그렇게 했다는 이야기도 있습니다.

우리는 지금 묵은해를 지내고 새해를 맞이했습니다. 묵은해, 새해가 과연 부처님 법(法)에 있을 수가 있는 것인가? 묵은해, 새해라는 관념(觀念)은 원래 부처님 법에는 없습니다.

다만 중생(衆生)들의 약속된 상대적(相對的)인 시간(時間)으로 해서 묵은해, 새해가 있습니다. 그래서 중국 당나라 때 운문(雲門)스님이 정월 초하룻날 원단(元旦)의 상당(上堂)에 올라가셔서 대중들한테 하시는 말씀이

'내가 그대들에게 과거(過去) 지나간 달의 소식은 묻지 않을 것이니 닥쳐오는 달의 소식을 한마디 말해보아라. 지나간 달의 소식은

그대들에게 아무런 해답(解答)을 구(求)하지 않을 것이니, 앞으로 당래(當來)하는 달의 소식을 한 마디 말해보아라'

그리했단 말입니다. 이 때 대중(大衆) 가운데 한마디 말이 없었습니다.

이것이 쉬운 말이 아니지 않습니까. 그래서 운문대사(雲門大師) 스스로 자문자답(自問自答)으로 대답했습니다.

'년년시호년(年年是好年)이요, 해마다 바로 좋은 해요. 일일시호일(日日是好日)이라, 날마다 바로 좋은 날이라.'

지금 저 같은 사람한테도 연하장(年賀狀)이 꽤 옵니다. 그 중에는 '날마다 좋은 날 되소서!' 하고서 그런 아주 좋은 문구(文句)가 많이 있습니다.

'해마다 좋은 해고 날마다 좋은 날' 이라는 이런 말씀을 했단 말입니다.

자기 아들이나 딸이 시험에 낙방하면 좋은 날이 될 수 없겠지요. 이 가운데는 자기 자녀(子女)들이 합격을 못하고 불행히도 낙방한 분도 계실 것입니다. 그런 분들은 굉장히 마음으로 갈등을 느끼고 불행

(不幸)을 느낍니다.

그런데 운문(雲門)스님께서는 과연 '날마다 좋은 날이요, 해마다 좋은 해' 라는 이런 말씀을 꼭 재수가 좋고 운수가 좋은 사람한테만 해당한다고 했을 것인가, 이렇게 우리가 의심을 가질 수가 있습니다.

운문스님 말씀은 절대로 재수가 좋고 운수가 좋고 그런 사람들한테만 하신 말씀이 아닙니다. 이것은 보편적(普遍的) 어느 누구한테나 해당되는 말씀입니다. 따라서 설사 자기가 금방 아파서 내일 죽어버린다 하더라도 그 사람한테도 날마다 좋은 날이라는 말이 해당됩니다.

불교 팔만사천의 법문의 모든 뜻이 방금 제가 말씀드린 바와 같이 '해마다 좋은 해, 날마다 좋은날, 때마다 좋은 때' 입니다. 이렇게 해서 항상 행복한 것이 부처님 법문(法門)의 대요입니다.

바꿔서 말씀드리면 인생고(人生苦)를 몽땅 소멸시켜서 정말로 위없는 행복(幸福)을 우리가 체험하고 맛보고, 자기 이웃들도 그렇게 하도록 하는 것이 부처님의 가르침입니다.

그러면 어떠한 연유(緣由)로 해서 과연 인생고가 충만한 우리 중생(衆生)들이 날마다 좋은 날이 되고 해마다 좋은 해가 될 것인가? 이것은 하나의 문제일 뿐입니다. 우리가 인생을 바로 보면 날마다 좋은 날이고 해마다 좋은 해지만 바로 못 보면 그때는 날마다 불행한 날입니다.

사업(事業)에 이득을 좀 보고, 국회의원에 당선되고 하더라도 이것은 결국은 불행한 것입니다. 왜냐하면 상대적인 그런 문제는 모두가 다 그 상대이기 때문에, 행복이라는 것은 그 행복 같은 것이지 참다운 행복이 아니라 결국은 인생고(人生苦)로 끝나고 만단 말입니다.

가령 부자가 되었다고 생각합시다. 우리가 부자가 되기 위해서는 노력 없이 되겠습니까. 갖은 고생을 다 한단 말입니다. 그런 가운데는 또 몹쓸 일도 하겠지요.

자기 양심(良心)에 가책을 느끼는 일도 하고 또는 남한테 원망(怨望)도 받고, 자기 이웃은 배고픈데 자기만 배부르게 먹으니까 그 자체가 벌써 이것이 죄(罪)란 말입니다.

따라서 부자가 되었다 하더라도 결국은 죄나 허물 위에서 이루어진 하나의 허깨비나 같은 것입니다. 모래 위에 쌓은 탑이나 집과 마찬가지로 금방 허물어지고 맙니다. 좀 오래간다 하더라도 자기 생명(生命)과 더불어서 가뭇없습니다.

올 새해는 굉장히 희망이 충만한 해가 아니겠습니까. 저도 가끔 신문(新聞)을 봐서 짐작은 좀 합니다만 그렇게 극성을 부리던 그 동구라파(東歐羅巴) 공산주의(共産主義)가 그야말로 사상누각(砂上樓閣) 같이 이제 허물어져버렸습니다. 붕괴(崩壞)되었습니다.

그 소비에트는 얼마나 막강한 나라입니까. 1917년 그 소비에트 (Soviet) 볼세비키(Bolsheviki) 혁명이 일어난 뒤에 74년 동안 그렇게 압제하고 탄압하고 무수한 사람들이 죽었단 말입니다. 하여튼 정적(政敵)을 죽인 것이 몇 천만에 이른다고 했던 이런 소비에트가 역시 해체가 되어버렸습니다.

그리고 또 이북(以北)하고 이남(以南)을 보십시오. 46년 동안이나 분단(分斷)되어서 그 원수라고 하면 제일 미운 원수, 불구대천지원수 (不俱戴天之怨讐)같이 서로 죽이고 싸우고 했단 말입니다.

그러다가 다행히 지난 12월, 이제 화해(和解)하자 그리고 불가침 (不可侵), 즉 서로 침략하지 말자, 교류하자, 서로 왔다갔다 교류하자고 했습니다. 그 다음은 서로 협력(協力)하고 지내자고 했습니다. 이러한 것들을 볼 때 앞으로 굉장히 희망(希望)이 넘치는 한해입니다.

따라서 상대적(相對的)인 뜻에서 본다 하더라도 정말로 날마다 좋은 날, 달마다 좋은 달이 앞으로는 꼭 되어야 할 것입니다. 그러나 우리는 그냥 상대적인 세속적(世俗的)인 차원(次元)이 아니라 보다 근원적(根源的)이면서 보편적(普遍的)인, 어느 누구나 어떠한 경우나 어느 때나 행복하게 되는 것이, 이것이 부처님의 가르침입니다.

'년년시호년(年年是好年)이요, 일일시호일(日日是好日)이라.' 해마다 바로 좋은 해요, 날마다 좋은 날이라. 이것은 그런 뜻에서 하신 말씀입니다. 그래서 앞서 말씀드린 바와 같이 바로 보면 그냥 보편적인, 궁극적인 차원에서 그런 것이 해당된단 말입니다.

그러나 우리 중생(衆生)들의 절대시간(絶對時間)이 존재하고, 절대공간(絶對空間)이 존재하고, 이런 차원에서는 그렇게 될 수가 없습니다.

내 몸뚱이가 우리 중생의 육안으로 보아 이렇게 존재하고 내 미운 사람이 대상적으로 저렇게 존재하고 또 내가 좋아하는 사람이 이렇게 존재하고 또는 그렇게 욕심을 내는 감투도 존재하고, 또는 다른 물질도 존재하고, 이런 차원에서는 절대로 날마다 좋은 날일 수가 없습니다.

따라서 우리는 사고(思考)의 패턴(Pattern), 우리의 생각이 의식전환(意識轉換)되지 않으면 그러한 성자(聖者)의 보편적인 말은 우리한테 아무런 가치가 없습니다. 사업에 실패(失敗)하면 그냥 자결도 하지 않습니까.

우리 바른 견해라 하는 것은 반야바라밀(般若波羅蜜)이라 하는 반야의 사상 밑에서 이른바 사물(事物)을 통찰해야 됩니다.

부처님 당시에 부처님께서 80 평생을 지내시다가 열반(涅槃)이 임박했습니다. 따라서 구시나가라(拘尸那碣羅) 성(城)의 사라쌍수(娑羅

雙樹) 나무 밑에서 열반(涅槃)에 드셨습니다. 사라쌍수 나무 밑에서 나무 이파리나 그러한 것을 깔고서 거기에 누우셔서 당신 법의(法衣)만 덮고서, 오른쪽 팔뚝을 베시고서 그곳에서 열반에 드셨습니다. 우리 스승은 그렇게 해서 가신 것입니다.

그런데 가실 때가 임박해서 이웃 나라들에 공포(公布)를 했단 말입니다. 그러니까 구시나가라 근처에 있는 비아리국의 역사(力士)들이, 비아리국에는 아주 기운이 센 역사들이 많이 있었는데, 우리가 부처님께서 구시나가라로 가시는 길을 좀 다듬어야겠다, 해서 역사들이 운력을 부쳤단 말입니다.

그런데 그 조그마한 소로길을 부처님께서 이제 통과하실 길이기 때문에 그야말로 시원하게 가시도록, 편하게 가시도록 길을 다듬었습니다. 그런데 하필이면 그 험로에 집채만큼 큰 바위가 가로막고 있단 말입니다.

그래서 그 역사들이 몇 십 명이 모여서 그 바위를 움직이려고 하지만 움직일 수가 없었습니다. 그 바위를 치워버려야 험로를 걷지 않고서 부처님께서 편한 길로 가시는데 —지금같이 포크레인도 있고 하면 오죽 좋겠습니까만— 기운이 세다 해도 쉽지가 않았겠지요.

그래서 땀을 뻘뻘 흘리고 이제 그렇게 운력을 모두 하는데 그네들이 기운은 좀 세서 기운을 믿고서, 부처님 법(法)을 알고 믿는 것이 아니라, 부처님을 각국의 16 왕자가 다 숭상하는데, 부처님을 자기들도 숭상하기는 하지만 부처님 법을 모른단 말입니다.

따라서 기운을 믿고서 그 아주 행패가 심했습니다. 남의 것을 윽박질러서 빼앗아 먹기도 하고 그래서 피해가 심하므로 부처님께서는 '내가 열반에 들기 전에 저들을 제도(濟度)해야겠구나.' 그렇게 맘을 먹었단 말입니다. 그래서 허름한 수행자(修行者)의 몸으로 변신을 했습니다.

부처님이나 도인들이 경우에 따라서, 중생의 근기(根氣)에 따라서 중생을 제도할 때 몸을 바꾸는 것을 보고 동사섭(同事攝)이라 합니다.

그냥 아무렇게나 우리 범부(凡夫)들이 앉아서 이 말하고 저 말하고 생각하는 것이 동사섭이 아니라 도인들이 중생의 근기를 보고서 근기에 맞추어서 몸을 변신하는 것을 보고 동사섭이라 합니다. 부처님께서는 그와 같이 허름한 수행자의 모습으로 변신했습니다.

우리는 아함경(阿含經)이나 화엄경(華嚴經)이나 법화경(法華經)이나 기타 경론(經論)에 있는 신통자재(神通自在)하는 그런 것을 절대로 미신이라고 생각하지 마십시오.

저 같은 사람도 부처님 덕택으로 가끔 비행기를 탑니다만 한 삼백 명이나 이백 명이나 그 많은 사람을 태우고 공중을 날아간다는 것이 그야말로 참 희귀한 신통(神通)이 아니겠습니까. 다 사람 머리에서 나왔습니다. 몇 백만의 부품(部品)이 그곳에 들어 있습니다.

인간(人間)의 마음이란 대체로 무엇인가? 인간의 머리란 대체로 무엇인가? 인간의 마음이라 하는 것은 무한공덕(無限功德)과 가능성(可能性)을 입력(入力)한 컴퓨터(computer)나 똑같습니다.

원만한 자비(慈悲)도 그곳에 다 갖추고 있고, 즉 입력(入力)되어 있고 지혜(智慧)도 다 입력되어 있고 행복(幸福)도 어떠한 것도 우리 마음이라 하는 컴퓨터에 다 입력되어 있습니다.

이른바 무한의 컴퓨터란 말입니다. 따라서 '지혜 나오라', 하면 지혜가 나오는 것이고 '행복 나오라', 하면 행복이 나오고 그때는 다 나오는 것입니다.

그렇기에 우리 마음을 가리켜서, 불심(佛心)을 가리켜서 여의주(如意珠)라, 여의보주(如意寶珠) 또는 마니보주(摩尼寶珠)라 합니다. 모두가 다 나온다는 말입니다. 우리 마음은 그런 것입니다.

그런 마음이 성자(聖者)한테만 있는 것인가? 마음, 이것은 모든 존재(存在)의 궁극적(窮極的)이고 보편적(普遍的)인 실체(實體)이기 때문에 어느 누구나 다 갖추고 있습니다. 아직 계발(啓發)이 못된 사람도 역시 갖추고 있는 것은 마찬가지입니다.

잘 모르는 사람들은 우리 인간(人間)만 갖추고 있고, 일반 동물(動物)들은 갖추지 않았다고 하지만 일반 동물들도 똑같이 갖추고 있습니다.

동물(動物)이나 식물(植物)이나 무생물(無生物)이나 어떠한 미세한 존재(存在)나 모두가 다 불심(佛心)이라는 인생(人生)과 우주(宇宙)의 근본실체(根本實體)를 똑같이 갖추고 있습니다.

따라서 어디나 똑같이 갖추고 있다고 생각할 때에 산소(酸素)나 수소(水素)나 어디에나 갖추고 있다고 생각할 때에 사실은 천지우주(天地宇宙)는 불심이라 하는 청정무비(淸淨無比)하고 무량공덕(無量功德)을 갖춘 마음뿐입니다.

그 위에서 물리적 원칙(原則)이나 화학적 변칙(變則)이나 이런 작용(作用)을 따라서 다시 말씀드리면 인과(因果)의 법칙(法則)에 따라서 이것이 되고 저것이 되곤 합니다.

그렇기 때문에 부처님께서는 ─우리같이 아직 공부가 안된 사람들은 안 되겠지만─ 그런 불심(佛心)과 하나가 딱 되어버렸단 말입니다. 불심과 하나가 되어버린 부처님께서 신통묘지(神通妙智)를 갖추는 것은 조금도 부사의(不思議)한 것도 아니고 당연한 것입니다.

저 과학(科學)이 기기묘묘(奇奇妙妙)한 작용으로 원자력(原子力) 같은 무서운 힘을 내는 것을 보십시오. 그런데 그 원자력과 비교할 수 없는 무한의 성능인 불심(佛心)과 하나가 되었다고 생각하면 우리가 무엇을 못하겠습니까.

부처님께서는 그와 같이 이제 당신 몸을 변신하셔서 허름한 수행자(修行者)로 나투셔서 그 역사(力士)들 앞에 가셨단 말입니다. 땀을 뻘뻘 흘리는 역사들 앞에 가셔서 하시는 말씀이

"동자(童子)들아!"

그야말로 나이도 많이 먹고 육중한 사람들한테 '동자들아' 하고 부르니 다들 기가 차겠지요.

"동자들아, 그대들이 무엇 때문에 그렇게 땀을 뻘뻘 흘리는가?"

라고 그렇게 핀잔 비슷하게 말씀을 하시니까, 아만심(我慢心)도 많고 행패(行悖)나 부리던 역사들이 더구나 골이 났겠지요. 그러나 부처님을 믿고, 승복(僧服)을 입었으니 함부로 할 수는 없단 말입니다.

그래서 '당신이 대체 누구인데 그와 같이 오만불손하게 말을 하느냐. 지금 눈으로 보면 알지 않느냐, 이렇게 집채만한 바위를 못 치워서 그런다'고 말했습니다.

그때 허름한 수행자로 변신하신 부처님께서는 미소를 띄우시면서,

"아, 그것 하나 움직이지 못하느냐?"

라고 하므로 더욱더 골이 나서 '그러면 그대가 한번 해보라'고 말했습니다.

그때 부처님께서는 손도 대지 않고 발가락 둘로 해서 훅, 이렇게 올려버렸단 말입니다. 아! 그 바위가 몇 십 미터 밖으로 굴러 갔습니다. 그런데 이제 길 밖으로 굴러나간 것이 아니라 길 가운데로 갔단 말입니다. 또 치워야 하겠지요.

그러니 역사들이 그때는 그야말로 경천동지(驚天動地)했겠지요. 참 저 사람이 보통 스님이 아니구나, 우리가 함부로 해서는 안 되겠구나, 했겠지요. 그래서 그때부터는 아주 은근하게 공대(恭待)한단 말입니다.

"기왕이면 길 밖으로 보내주십시오."

이번에는 부처님께서 손으로 바위덩이를 들어서 저 공중(空中)으로 내 쏘아 던져버렸단 말입니다. 그러하니 윙 소리를 내면서 몇 십 명의 역사들의 머리 위에서 빙빙 돌고 있었습니다.

역사들은 바위덩이가 금방 자기들의 머리위에 떨어질 것처럼 생각된단 말입니다. 그때 부처님께서는 이윽고 그 바위를 손바닥으로 받으셔서 혹 불어버리니 가루가 되어서 간 곳이 없단 말입니다.

그 역사들도 이젠 조금 눈이 뜨이고 귀가 조금 열리고 했겠지요. 부처님을 믿는다 하니, 더구나 신통자재(神通自在)하는 힘을 보니 정말로 진리(眞理)에 대한 믿음이 일어난단 말입니다.

그렇게 하신 다음에 부처님께서는 그야말로 삼십이상(三十二相) 팔십종호(八十種好)를 갖춘 원만덕상(圓滿德相)인 모습으로 환원(還元)하셨던 것입니다.

그때 그 역사(力士)들의 환희심(歡喜心)이, 그야말로 청정(淸淨)한 마음이 얼마나 사무쳤겠습니까. 그때 역사들이 부처님한테 이렇게 말씀을 했습니다.

"세존(世尊)이시여, 과연 그 돌은 실체(實體)가 있습니까? 없습니까?"

우리 범부의 견해로는 공간성(空間性)도 있고 시간성(時間性)도 있고 또는 분명히 물질(物質)인 그 돌이 실체(實體)가 있다고 대답해야 하겠지요. 만약 실체(實體)가 있다고 대답하면 색즉공(色卽空)이라는 그 말이 맞지 않는단 말입니다. 부처님 도리(道理)에서 본다고 생각할 때는 다 아시는 바와 같이 제법공(諸法空) 아닙니까.

오온개공(五蘊皆空)이라, 제법공(諸法空)입니다. 그렇게 역사가 몇 십 명 들어도 움직이지 않는 바위이지만 본바탕은 역시 공(空)인 것입니다. 그래야 반야심경(般若心經)의 색즉공(色卽空)도 맞고 오온개공(五蘊皆空)도 맞고 그렇게 되겠지요.

어째서 공(空)인가? 모두 대체로 아시는 바와 같이 지금 물질(物質)을 구성(構成)한 돌이나 가장 단단한 다이아몬드나 내 몸뚱이나 내내야 각 원소(元素)로 되어 있습니다. 각 원소는 또 전자(電子)나 양자(陽子)나 중성자(中性子)들이 적당히 결합(結合)해서 운동(運動)하는 것이 각 원소 아니겠습니까.

전자나 양자나 중성자나 그런 미세한 소립자(素粒子)는 또 무엇인가? 이런 것이 본래 물질이 아니라 에너지라 하는 하나의 정기(精氣)가 적당히 진동(振動)하고 적당히 운동(運動)해서 하나의 상(相)을, 모양을 낸 것이 그것이 양성자(陽性子)요, 중성자(中性子)요, 전자(電子)요, 그러는 것입니다.

이러한 것은 현대물리학이 다 증명(證明)한 도리 아닙니까. 지금

이 가운데는 물리학 교수님도 계신데 제가 서투른 말을 해서 죄스럽습니다.

지금 현대 물리학은 −뉴튼식 고전물리학은 물질 따로, 마음 따로 있다고 합니다만 현대물리학은 그렇지가 않습니다− 이른바 양자역학(量子力學)이라 해서 에너지의 파동(波動)이 결국은 전자고 양성자고 중성자고 합니다.

그런 것들이 적당히 결합되어서 그때는 산소가 되고 수소가 되고, 그런 것들이 모여서 분자(分子)가 되고 그래서 돌이 되고 다이아몬드가 되고 무엇이 되고 하지 않습니까.

따라서 근본물질(根本物質)이 공(空)인지라, 근본물질이 에너지뿐이고 또는 정기(精氣)인 그런 공(空)인지라. 그런 근본적으로 미세한 물질이 이렇게 합하나 저렇게 합하나 공(空)은 공(空)이란 말입니다.

저는 가끔 말씀을 드립니다만 제로(Zero)를, 영(零)을 몇 십 번 곱하나 더하나 나누나 영은 영 아닙니까. 그와 똑같이 물질이 아닌 원래 시간성(時間性)도 공간성(空間性)도 없는 그러한 것들이 어떻게 모여서 모양이야 어떻게 나오든 간에 그림자 같은 모양을 어떻게 나투든 간에 결국은 끝내 공(空)은 공(空)입니다.

부처님 반야바라밀(般若波羅蜜)의 가르침은 그런 도리를 말씀하신 것입니다. 본래가 공(空)자리입니다. 색즉공(色卽空)도 −색(色)은 물질 아닙니까– 물질이 바로 공이라. 이것도 물질을 분석(分析)해서 물질을 쪼갠 뒤에 공(空)이란 뜻이 아닙니다.

부처님이 말씀하시는 색즉공(色卽空)이란 물질 자체가 바로 공이란 말입니다. 물질이 바로 공이거니 내 몸뚱이도 이대로 공(空)입니다. 다만 우리 중생들은 이렇게 움직이는 지금 겉모습만 봅니다. 그림자만 봅니다.

따라서 내용은, 실체는 못 봅니다. 내용은 무엇인가? 내용은 에너지이고 우주(宇宙)의 정기(精氣)이고, 우리 불교식으로 하면 그때는 진여불성(眞如佛性)입니다. 중도실상(中道實相)의 우리 불성(佛性)입니다.

따라서 성자(聖者)는 어떠한 견해를 가지고 있는가 하면 성자는 나를 보나 남을 보나 이렇게 이목구비(耳目口鼻)가 잘생기고 못생기고 그런 것을 보지 않습니다. 나를 보나 남을 보나 모두가 다 법계연기(法界緣起)라.

모두가 다 진여불성(眞如佛性)이 인연(因緣)에 따라서 잠시 모양을 냈구나, 이렇게 본단 말입니다. 산(山)도 개천(川)도 물(水)도 모두가 다 진여법성(眞如法性)이 인연을 따라서 연기법(緣起法)으로 잠시 모양을 냈을 뿐이란 말입니다. 잠시입니다. 잠시!

잠시 모양을 내서 그것이 머물러 있으면 공간성(空間性)도 있고 시간성(時間性)도 있을 것인데, 잠시 인연(因緣)에 따라서 모양을 나투어 순간, 찰나도 머물러 있지 않단 말입니다. 그렇기 때문에 시간성도 공간성도 없습니다. 부처님 말씀이 참 절실한 말씀입니다.

'과거심불가득(過去心不可得)이요, 미래심불가득(未來心不可得)이요, 현재심불가득(現在心不可得)'이란 말이 있습니다. 과거도 얻을 수가 없고 미래도 얻을 수가 없고 현재도 얻을 수가 없다는 말입니다.

과거(過去), 현재(現在), 미래(未來)라 하는 것은 우리 중생심(衆生心)이 하나의 공간적(空間的)인 물질(物質)이 존재(存在)한다고 보고서 그것이 마멸되어 없어지고 지나가면 과거(過去)라 하는 것이고, 아직 오지 않았으면 미래(未來), 시시각각(時時刻刻)으로 지금 변동(變動)해 있으면 그것을 보고 현재(現在)라고 할 뿐이지 원래 과거, 현재, 미래가 진짜 있는 것이 아니란 말입니다.

따라서 부처님 도리에서 본다고 생각할 때는, 본체(本體)에서 본다고 생각할 때에는 시간(時間)도 공간(空間)도 없습니다. 절대공간(絕對空間)도 절대시간(絕對時間)도 절대물질(絕對物質)도 없습니다. 이것이 반야심경(般若心經)의 도리(道理)입니다.

앞서 제가 말씀드린 바와 같이 내일 당장에 괴테(Goethe)식으로 말하면 최후(最後)의 심판이 와서 다 없어진다 하더라도 그들은 슬퍼할지 모르지만 우리 불교인(佛敎人)들은 일일시호일(日日是好日)이기 때문에 내일도 모레도, 없어진 뒤에도 다 좋은 날 뿐입니다.

어째서 그러는 것인가? 왜냐하면 설사 내 몸이 금방 사라진다 하더라도 생명(生命) 자체는 죽음이 없기 때문입니다.

제가 가끔 말씀을 드립니다만, 부처님 당시에 부처님 같은 어른이 태어났으니 석가족(釋迦族)은 그야말로 부자(富者)가 되고 감투를 많이 쓰고 오래 살고 그랬어야 되겠지요.

그런데 유감스럽게도 인과(因果)가 그렇게 안 되어서 부처님의 종족(種族)인 석가족이 몽땅 몰살되게 생겼단 말입니다. 그도 한 둘이 아니라 그 연연한 석가 귀족(貴族)들을, 여인들까지도 그 땅에 묻어서 죽이기도 하고 창으로 죽이기도 했단 말입니다.

그렇게 비참한 죽음을 수백 명이 당했습니다. 그리고 무거운 돌을 등에 업고 밧줄에 묶이어서 호수에 던져지고, 부처님의 종족이 그렇게 해서 죽을 때도 신통자재(神通自在)하고, 앞서 말씀드린 바와 같이 바위덩어리도 혹 불어 버릴 수 있는 부처님인데 그런 것을 그대로 묵과했다고 하니 모순(矛盾)이 아닐 수 없습니다.

그래서 이런 대목을 본다고 생각할 때는 불교(佛敎)도 별 볼일이 없구나, 해서 그냥 신심(信心)이 떨어진 그런 분도 있습니다. 직접으로 그런 말을 하신 분도 있습니다.

그 당시에 신통자재(神通自在)하신 분이 부처님뿐만이 아니라, 특히 부처님 제자 가운데는 신통제일의 마하목건련(摩訶目健連)이란 목건련(目健連) 존자(尊者)도 있었습니다.

그 당시 아사세 왕이 그렇게 잔인무도한 짓을 했습니다. 목건련이 부처님한테, "아사세 왕 그놈을 저쪽 삼천대천세계(三千大千世界) 밖으로 던져버리면 어떻겠습니까?" 이렇게 부처님한테 말씀을 드렸단 말입니다. 그때 부처님께서 하신 말씀이

"그럴 필요가 없느니라. 지금 아사세 왕이 내 말을 들으면 앙화를 면할 수가 있지만 업장(業障)이 무거워 선근(善根)이 없어서 도저히 내 말을 안 들을 것이니 그대로 가만히 두어도 앞으로 이레가 못가서 생환지옥(生還地獄)이라, 산 채로 지옥에 떨어진다."

라고 하셨습니다.

그리고 지금 핍박을 당하고 비참한 죽음을 당하는 석가족(釋迦族)들은 죽자마자 생전에 부처님 법을 닦았기에 바로 도리천(忉利天)에 가서 태어난다, 이렇게 말씀을 하셨습니다.

따라서 생사(生死)를 초월(超越)한 도리(道理) ―우리 생명(生命)이라는 것이 현상적(現象的)인 '이것만이 존재한다', 이렇게만 생각할 때는 잘 먹고, 잘 입고, 잘 놀고 그런 것들이 상등(上等)이 되겠지요― 에서 본다고 생각할 때에는 그런 것은 별 문제가 아닙니다.

그렇게 비참하게 죽은 석가족도 오히려 앞서 말씀드린 바와 같이 년년시호년(年年是好年)이요, 일일시호일(日日是好日)이라. 해마다 좋은 해요, 날마다 좋은 날입니다. 죽으면 당장에 천상(天上)에 태어나서 인간세상(人間世上)보다는 훨씬 고통이 적단 말입니다.

우리는 지금 삼동결제(三冬決濟)에 들어 정진(精進)을 하고 있습니다. 우리가 본래(本來) 부처이니까 당장에 빨리 깨달아버리면 오죽 좋겠습니까만 그렇게 안 되니까 이제 공부들을 하고 또는 출가사문(出家沙門)이 되어서 고행(苦行)도 하는 것이 아닙니까.

우리에게는 부처님 법(法)을 어떻게 닦아야 본래 부처의 자리, 본래 생사(生死)를 초월(超越)한 자리를 얻을 것인가? 그것이 문제란 말입니다. 그냥 그렁저렁 닦아서는 그렇게 될 수가 없습니다.

지금 이 자리에 공부를 많이 하신 분들은 아니겠지만 대체로 모두가 다 범부(凡夫)입니다. 범부는 자기의 본바탕도 모르고 우주(宇宙)의 본질(本質)도 모릅니다.

석가(釋迦)나 또는 달마(達磨)스님이나 또는 서산대사(西山大師)나 또는 공자(孔子)나 예수나 노자(老子)나 그런 분들은 우주의 실상(實相)과 우주의 참 모습과 자기의 참 정신(精神)을 알고 있습니다.

그러나 우리 같이 성자(聖者)가 아닌 사람들은 본바탕을 못 봅니다. 본바탕을 볼 수 있고 본바탕을 보았을 때 본바탕과 하나가 되어

버리는 사람들이 성자입니다.

이 현상(現象)만 보는, 겉에 뜬 그림자 같은 현상만 본 사람들은 성자가 못된 우리 범부 중생입니다. 따라서 범부 중생 차원에서는 아무리 애쓴다 하더라도 그냥 쉽게 본바탕인 우주(宇宙)와 인생(人生)의 본(本) 생명(生命)자리를 볼 수가 없단 말입니다.

그렇게 쉽게 볼 수가 없으면 차라리 그렁저렁 살면 될 것이 아닌가? 애쓰고 출가(出家)도 하고 자기 가족(家族)을 떠나와서 선방(禪房)에 들어앉아 애쓸 필요가 있겠는가?

사회(社會)가 모두 다 현실적(現實的)으로 사는 것인데 돈 많이 벌고, 잘 살고, 모두가 다 부지런히 일을 해야 하고, 이런 때 선방에 가만히 앉아서 그와 같이 지내는 것은 그야말로 지독한 비생산적(非生産的)인 것이 아닌가? 이렇게 느끼는 것이 지금 현대식(現代式) 사고방식(思考方式)입니다.

물질이 전부라고 물질만능주의(物質萬能主義), 권력만능주의(勸力萬能主義), 황금만능주의(黃金萬能主義), 이런 우리 견해로 해서는 절에 가서 공부하는 것은 필요없는 일이라고 생각합니다.

우리와 같은 스님네들 가운데에도 '사회에 나가서 참여도 하고, 도시(都市)에 나가서 중생(衆生)들과 더불어서 같이 아파하고 그래야지, 산중(山中)에서 자기만 좋자고 공부하면 무슨 필요가 있겠는가? 라고 생각하는 분들이 한둘이 아닙니다.

우리 불자님들은 이런 때일수록 꼭 바른 견해를 가지셔야 합니다. 우리가 산중에 있건 도시 시중에 있건 그 처소(處所)는 문제가 아닙니다. 도시에 있지 말라는 것도 아니고 말입니다. 그런 처소가 문제가 아니라, 다만 우리가 꼭 성자가 되기 위해서 바른 길로 가야 한다는 말입니다.

교육자(敎育者)는 교단(敎壇)에서 꼭 자기와 자기 학생(學生)이 성불(成佛)하기 위해서 애써야 되는 것이고, 부모님들은 자기 가정(家庭)에서 자기 자녀(子女)와 더불어서 성불(成佛)하기 위해서 바른 길을 가야 합니다.

그렇게 애쓰고 갈 필요가 무엇인가?

우리가 가지 못하면 또 소련 같은 공산주의(共産主義)의 나라가 나오는 것이고 또 허물이 많은 자본주의(資本主義)가 나와서 부자(富者)는 더욱더 부자가 되고 가난한 사람은 더욱 가난하고 말입니다. 그렇게 될 수밖에는 없습니다.

돈이 제일이고 물질이 제일이고 권력이 제일이고 자기 몸뚱이가 제일이고 자기 가족이 제일이라고 생각한다면 그때는 다른 방도가 없습니다. 자기 가족을 위해서는, 자기 개인의 영달(榮達)을 위해서는 별스러운 짓을 다 한단 말입니다.

그렇게 하기 위해서 무슨 주의(主義)가 생기고 무슨 운동(運動)을 한단 말입니다. 자기 국가(國家)만 좋아지고 자기 민족(民族)만 좋아지고, 국수주의(國粹主義)나 민족주의(民族主義) 말입니다.

성자(聖者)의 길, 예수가 가신 길, 석가(釋迦)가 가신 길, 공자(孔子)가 가신 길, 그런 길을 버리고 떠나서 우리 중생(衆生)들이 이 현상적(現象的)인 것을 사실로 있다고 생각하고 그것이 좋다고 생각하면 우리 인생(人生)에서 주의(主義)라든가 가는 길은 달리 갈 수가 없습니다. 역시 그런 쪽으로, 내가 있고 네가 있고, 나를 위해서는 남을 희생(犧牲)시키고, 그렇게 싸우다 죽고 아귀다툼하고, 그러다 끝나버린단 말입니다.

우리는 싫든 좋든 간에 우리 범부(凡夫)의 껍데기를 벗어야 합니다. 싫든 좋든 간에 중생심(衆生心)을 꼭 벗어야 합니다. 나중에 못 벗고 그대로 다 버티는 것이 아니라, 몇 생, 몇 만 생이 꼭 종당(終當)에는 벗고 마는 것입니다.

금생(今生)에 못 벗으면 고생(苦生)을 더하는 것이고, 또 금생에 잘못 살면 지옥(地獄)갔다 아귀(餓鬼)로 갔다, 윤회고(輪廻苦)를 계속하는 것입니다. 분명히 윤회(輪廻)가 있는 것입니다. 개미가 있고 구더기가 있고 또는 땅버러지가 있듯이 지옥도 분명히 존재하는 것입니다.

우리 마음을 어떻게 썼는가, 탐심(貪心)을 많이 썼는가, 진심(嗔心)을 많이 썼는가 또는 표독한 마음을 많이 썼는가, 거기에 따라서 거기에 상응(相應)되게끔 꼭 과보(果報)를 받습니다.

공부를 열심히 잘 했으면 대학교에 합격하는 것이고 말입니다. 어딘가 부족했으니 낙방이 되었겠지요. 부처님 법(法)은 낙제가 될 사람을 합격(合格)되게끔 하는 법이 아닙니다.

부처님 법은 인과(因果) 그대로입니다. 그대로 받습니다. 5만큼 공부하면 5만큼 이루어지고 5만큼 좋게 마음 쓰면 5만큼 좋게 됩니다.

부처님 법의 요체가 무엇이냐면 방금 제가 말씀드린 바와 같이 인간의 기본적인 인생고(人生苦)를 떠나는 것입니다. 중생의 허물을 벗는 것입니다. 매미도 허물을 벗어야 성충이 되지요. 누에도 자신이 자기 몸에서 그 실크를 뽑아서 누에고치를 만들지만 그 속에 갇혀버리면 영원히 갇혀버리지요. 자기가 만들어 놓은 그 껍질을 벗고서 튀어나와야 합니다.

우리 인간(人間)도 인간의 이 몸뚱이를 튀어나와야 하는 것입니다. 그러기 위해서는 앞서 제가 말씀드린 바와 같이 바위덩어리도 사실은 텅텅 빈 것입니다. 우리 인간이 잘못 보아서 바위덩어리라고 보는 것입니다.

그러기에 신여의통(身如意通)이라, 자기 몸을 자기 마음대로 할 수 있는 그런 도인(道人)들은 바위 구멍에도 들어가는 것입니다. 그것이 원래가 물질이 아니기 때문에 말입니다.

단단하다, 물질이다, 그런 것은 우리 중생 차원에서 보는 것입니다. 물질은 한마디로 말하면 우리 마음의 패턴(pattern)입니다.

우리가 중생심을 벗기가 쉽지 않기 때문에 출가승(出家僧)이 되고, 수녀(修女)가 되고, 신부(神父)가 되고 하는 것 아닙니까. 따라서 그렇게 한번 되었을 때는 응당 엄격하게, 준엄하게 계행(戒行)을 지켜야 하는 것입니다.

계행(戒行)은 무엇인가? 우주 모든 것이 본래(本來) 공(空)이고, 모든 것이 본래는 똑같은 진여불성(眞如佛性)입니다. 그런 차원에서 이루어진 우리의 말(口), 그런 차원에서 이루어진 우리의 몸(身)으로 하는 행동, 그런 차원에서 이루어진 우리의 사고(意), 이것이 계행이란 말입니다.

남과 내가 둘이 아니거니 우리가 살생(殺生)을 할 필요가 있습니까. 남과 내가 둘이 아니거니 음탕(淫蕩)한 짓을 할 수가 있습니까. 물질이란 허망(虛妄)한 것이고, 원래 나도 없고 내 소유(所有)도 없는 것인데, 내 몸뚱이 편하고자 해서 부당(不當)한 수입을 우리가 가질 수가 있습니까.

따라서 훔칠 만한 아무런 이유도 없습니다. 부정을 저지를 만한 아무런 필요도 없습니다. 거짓말이나 욕설이나 이간하는 말은 모두가 다 허망무상(虛妄無常)한 것이므로 그럴 필요가 없습니다.

무엇 때문에 우리가 술을 먹고 담배를 피우고 또는 마약을 복용해야 합니까. 따라서 부처님 계율(戒律)은 모두가 다 근원적인 본래 무아(無我), 무소유(無所有), 바르게 본 그런 견지에서 우러나오는 우리의 행동, 우리의 말, 이런 것이 계행입니다.

잘못 생각한 사람들은 계행(戒行)은 부처님 당시나 필요하고 현대(現代)는 현대에 적합한 계행이 필요하지 않는가, 해서 문란한 행동을 합니다만 잘 지키려고 애써도 빗나가고 마는데 합리화(合理化)시킨다 해도 그때는 아무 소용이 없습니다.

우리가 버릇을 잘못 들여놓아서 과거 전생(前生)에도 잘못 배우고, 금생(今生)에도 잘못 배우고, 버릇을 잘못 들여놓아서 지키려고 애써도 미끄러지고 실패도 많이 하는 것입니다.

초등학교부터 대학(大學)까지 배운 것이 무엇입니까? 물리학(物理學)도 배우고 법학(法學)도 배우고 이러한 여러 가지 학문(學問)을 많이 배우지 않았습니까.

모든 것이 다 소중한 공부입니다만 그러나 마음을 깨닫고 참다운 자기가 된다는, 참다운 진아(眞我)를 발견한다는 참다운 대아(大我)가 된다는 그런 차원에서 본다고 생각할 때는 모두가 있다, 없다 하는 분별시비(分別是非)로서 사변적(思辨的)인 것에 불과합니다. 그런 것을 아무리 많이 쌓아도 바벨탑이라. 종당에 우리 행복(幸福)을 위해서는 다 허물어지고 말 것들입니다.

그러나 우리가 기능적으로 사회생활을 하기 위해서 필요하지만 방금 제가 말씀드린 바와 같이 가장 근원적인 문제는 우리가 참다운 사람이 되어야 합니다. 참다운 사람이 못되면 다시 무슨 주의, 무슨 철학이 나와서 옥신각신하고 또 싸운단 말입니다.

그렇게 우리가 몇 십 년 동안 배웠다는 것이 '있다, 없다' 하는 것이기 때문에 그런 관념(觀念)을 다 놓아버려야 할 것인데, 그래야 불심(佛心)하고 우주만유(宇宙萬有)의 참다운 에너지인 우주정기(宇宙精氣)와 하나가 되고 우리가 가까워진단 말입니다.

그런데 워낙 우리 잠재의식(潛在意識)에 배운 것이 많아서 염불(念佛)도 하고, 화두(話頭)도 참구(參究)하고 또는 주문(呪文)도 외워서 우리가 본래적인 우리 마음자리 진여불성(眞如佛性)으로 가려고 하면 자꾸만 반발이 많이 나옵니다.

선방(禪房)에서 이렇게 두 시간이나 세 시간 동안 앉아 있다 하더라도 그냥 세 시간 동안, 두 시간 동안 아무런 딴 사념(邪念) 없이 오로지 맑은 정심(淨心)으로 갈 때가 별로 없는 것입니다.

꼭 할 필요가 있는 것은 아닙니다만 납월팔일(臘月八日 ; 陰 12月 8日)은 부처님께서 성도(成道)하신 날이 아니겠습니까. 그래서 12월 초하루부터 납월 팔일까지는 용맹정진(勇猛精進)을 한단 말입니다. 칠일(七日) 동안 용맹정진은 무엇 때문에 하는 것인가?

우리 수행(修行)을 간단을 두고서 '했다, 말았다, 했다, 말았다' 그래서는 잠재의식(潛在意識) 때문에 또 역시 망상(妄想)이 나옵니다. 낮에는 조금 애쓰고 한다 하더라도 밤에 또는 잠잘 때는 꿈속에서 잠재의식이 발동되어서 이상야릇한 꿈을 꾼단 말입니다. 그것이 우리 중생 놀음입니다.

그렇기 때문에 우리 마음에 간단(間斷)을 두지 말고, '쉬었다 안 쉬었다' 할 것이 아니라 마구 집중적(集中的)으로, 우리가 적하고 싸울 때도 집중적으로 공격해야 다시 힘을 만회해서 반격을 못해 오겠지요. 집중적으로 우리 번뇌(煩惱)를 공격을 해야 합니다. 그렇게 하기 위해서 용맹정진을 합니다.

용맹정진(勇猛精進)은 오직 부처님한테 지향하는 마음, 화두(話頭)나 염불(念佛)이나 주문(呪文)이나 모두가 다 부처님자리, 우리 본체(本體)로 지향하는 마음 아닙니까. 본체에 지향하는 마음을 순간, 찰나도 쉬지 않고 지속 시키기 위해서 용맹정진을 합니다.

밥을 먹더라도 그 영양을 섭취하기 위해서 입으로는 먹지만 자기 마음으로는 부처님 본체를 지향하는 그 마음을 놓치지 않아야 하기에 용맹정진 동안에는 원칙적으로 묵언(黙言)을 지켜야 합니다. 말을 하면 그때는 개념(槪念)이 나옵니다. 말하면 개념이 발동되기 때문에 또 역시 분별시비(分別是非)가 있게 마련입니다.

또 하루 세 끼를 꼬박꼬박 먹으려고 생각하면, 준비하려고 하면 귀찮고, 먹으려고 하면 귀찮고, 치우려면 귀찮고 따라서 용맹정진을 할 때는 원칙적(原則的)으로 하루 한 끼를 먹는 것입니다.

본래 우리가 잘 못 참아서 세 끼를 먹고 거기다가 덧붙여서 간식(間食)도 먹습니다만 사실은 하루 한 끼만 먹는 것이 제일 좋습니다.

그래서 말도 않고 또 하루에 한 때만 딱 먹고 말입니다. 우리 생각을 불심(佛心)에 딱 머물러두게 해서 간단이 없이, 쉼 없이 우리가 밀어나간단 말입니다.

불경(佛經)에 반주삼매경(般舟三昧經)이라.

반주삼매(般舟三昧)라는 것은 우리말로 풀이하면 불립삼매(佛立三

昧)라. 부처님이 훤히 앞에 나오신단 말입니다. 부처님이 사람 모양으로 나오시는 것이 아니라, 그때는 진여불성(眞如佛性)자리가, 우주(宇宙)의 본체(本體)인 진여불성(眞如佛性)이 훤히 빛나옵니다.

그렇게 간단없이 간다고 생각할 때는 일주일(一週日)도 미처 못가서 틀림없이 부처님 광명(光明)이 나옵니다. 그래서 자기 마음과 몸이 온전히 그 광명(光明)과 하나가 되어버립니다. 심월고원(心月孤圓)이라. 그러면 그때는 자기라는 생각을 초월(超越)해버립니다.

그래서 일주일(一週日), 이것이 최단시일(最短時日)이고, 그래도 안 될 때는 삼칠일(三七日) 이십일일(二十一日) 동안 그렇게 하고, 그래도 안 될 때는 49일 동안 하고, 그래도 안 되면 90일 동안 합니다.

따라서 일주일이면 되는 것인데 90일 동안에 안 되겠습니까.

그러나 해보면 그렇게 쉽게 안 됩니다. 그렇기에 이제 저 같은 사람도 삼동결제(三冬結制)를 그렇게 많이 했지만 지금도 오히려 번뇌(煩惱)의 찌꺼기를 다 못 떼고 있습니다.

용맹정진을 상의해서 하셔도 좋고 안하셔도 좋습니다. 왜냐하면 꼭 해야 한다 하면 그런 의무감 때문에 구속(拘束)을 받습니다. 그리고 또 가부좌(跏趺坐)를 제대로 익히지 못하신 분들은 굉장히 고생을 합니다. 이레 동안 밤이나 낮이나 눕지 않고 자지 않으니까 말입니다.

안 눕고, 안자고, 말도 하지 않는 생활인지라 버티기가 곤란하고 너무 참을 수 없어 그냥 미쳐버린 분도 있습니다. 저는 그런 것을 보았습니다. 그리고 억지로 하다 보니까 한 열 명쯤 시작하면 몇 명쯤은 쓰러지고 맙니다.

그리고 겨우 버틴 분들도 다리가 아프고 어디가 아프고 하면 참 곤란해요. 아프다면 그 아픈 것만 생각하지 공부에는 별로 생각이 없단 말입니다.

그러나 또 억지로 해놓고 보면 하신 다음에는 이것을 해도 좋겠구나, 나 같은 별것도 아닌 사람이 일주일 동안 안자고 안 눕고 배겼구나, 그런 자기를 이겼다는 강인한 의지(意志)가 생깁니다.

그래서 구참이신 참선(參禪)을 많이 하신 분들은 그저 무난하게 그때그때 편안하게 하시는 것이 좋은데 신참들은 사실은 억지로라도 한번 해보시는 것이 좋기는 좋습니다.

그러나 무리를 하지 마시고 우리 선방(禪房)스님들은 입승(立僧)스님과 상의대로 하시기 바라고, 우리 정중당(淨衆堂)에서 공부하신 분들도 이제 알아서 하십시오. 너무 무리하면 도리어 병이 되는 수도 있는 것이고 말입니다.

또 그냥 참선(參禪)이라는 것이 원래 참 좋고 쉬운 것인데 참선은 굉장히 어려운 것이다, 그래서 다시는 안 오시려고 하신 분들이 있으면 곤란합니다. 때문에 그런 점을 감안해서 하시기 바랍니다.

사실 참선(參禪)은 제일 쉬운 것입니다. 어째서 쉬운 것인가? 몸도 제일 편하고, 몸도 가부좌(跏趺坐)하는 모습이 가장 편한 것입니다. 호흡(呼吸)도 가부좌를 척 해버려야 상하(上下)호흡 순환이 제일 좋단 말입니다.

그래서 항상 머리도 시원하고 가슴도 시원하고 눈도 시원하고 합니다. 아랫도리는 따습고 단전(丹田)에 가서는 힘이 꽉 차 있습니다. 참선(參禪)을 많이 해서 가부좌(跏趺坐)를 많이 한 사람들은 틀림없이 아랫배에 힘이 꽉 차 있습니다.

따라서 그때는 나쁜 병(病)이 올 수가 없습니다. 따라서 그런 잔병도 다 떨어지고 마는 것입니다. 그러나 억지로 잘못한 사람들은 도리어 없는 병이 생깁니다.

참선(參禪)은 제일 쉬운 것입니다. 몸도 편하고 호흡(呼吸)도 편하고 또는 마음은 다시 말할 것도 없이 제일 편하고 말입니다. 내가 없고 네가 없고 미운 사람, 좋은 사람도 없고 말입니다. 앞서 제가 말씀드린 바와 같이 나날이 좋은 날이고 때때로 좋은 때입니다.

우리 마음이 나다, 너다, 좋다, 궂다, 시비(是非)를 다 떠나서 천지우주(天地宇宙)의 순수(純粹)에너지인, 천지우주의 순수 정기(精氣)인 부처님만 생각하는 것이 참선하는 마음의 자세입니다.

그렇게 하기 위해서 화두(話頭)를 드는 것이고, 염불(念佛)도 그 자리를 위해서 하는 것입니다. 그 자리는 훤히 빛난 자리입니다. 앞서 제가 말씀드린 바와 같이 행복(幸福)도 지혜(智慧)도 자비(慈悲)도 능력(能力)도 원만히 갖춘 무한(無限)의 공덕(功德)과 가능성(可能性)을 입력(入力)한 컴퓨터, 이것이 우리 마음이란 말입니다.

그 자리를 계발(啓發)하는 데 있어서 가장 요령 있고, 가장 쉽고, 가장 확실한 방법이 참선(參禪)입니다.

참선은 어떻게 하는가? 참선은 우리 몸을 바르게 하고, 우리 호흡을 바르게 해야 합니다. 먼저 몸을 바르게 하려면 철저한 계행(戒行)을 지켜야 되겠지요. 몸을 바르게 하고, 호흡을 바르게 하되 무리하지 말고 될수록 가늘고, 길고, 고르게 해야 하는 것입니다.

그렇게 하고 우리 마음은 남을 미워하고, 남을 좋아하고, 허튼 자기 분수에 넘는 권리나 권력을 구하고 돈을 구하고 그런 때는 마음이 괴로운 것입니다. 자기 분수에 맞게 구한단 말입니다.

그렇게 하면 우리 마음은 내 생명(生命)의 근본인 동시에 우주만유(宇宙萬有)의 근본(根本)자리인 우리 부처님을 생각합니다. 이렇게 분수에 맞게 하는 것이므로 제일 쉬운 것입니다. 이렇게 하시면 우리 몸이 거북할 수가 없는 것입니다.

세월(歲月)은 참 무상(無常)한 것입니다. 벌써 삼동결제(三冬結制) 반(半)살림이 지났습니다. 반살림 동안에 공부를 얼마나 했는가, 내

놓아 보시오, 그런다면 우선 저부터가 따분해집니다.

나머지 반살림은 후회(後悔)가 없도록 공부를 부지런히 하시기 바랍니다. 분명히 반야바라밀(般若波羅蜜)을 본다면 때때로 좋은 때요, 다 좋은 때요, 내게 허물이 없는데도 내 목에 칼을 겨누는 사람도 좋은 사람이요, 천지우주(天地宇宙)가 오직 부처님뿐이요, 천지우주가 다 화장세계(華藏世界)라, 다 부처님 나라뿐입니다. 그렇기 때문에 나날이 좋은 날이요, 분명히 해마다 좋은 해입니다.

공부에 부지런히 정진(精進)하시기 바랍니다.

나무아미타불(南無阿彌陀佛)!

二. 동체대비(同體大悲)

자연과 인간, 나무와 흙이나 물, 공기 등도 다 근본적으로 유기적인 동일한 생명체입니다. 같은 생명체이기에 자연을 훼손하면 바로 보복을 받게 되고 자연을 존중하고 보호하면 그만큼 우리가 혜택을 받게 되는 것입니다.

우리 불자님들, 대단히 고생이 많으셨을 것입니다. 정든 고향땅에서도 살림을 꾸리고 살아나가기가 무척 힘든 것인데, 멀리 이역만리 생소한 타국에 오셔서 이른바 선진국에서 굴욕적인 수모도 많았을 것인데, 언어의 장벽을 비롯한 수많은 역경을 극복하시고 더욱이 선구자적인 우리 스님들과 더불어 부처님 모시는 훌륭한 전당까지 이룩하신 데 대하여 진심으로 감사와 찬탄의 합장을 드립니다.

인간들은 어느 누구나 다 최선의 행복을 추구하여 마지않는 것인데, 여러분들께서 생소한 타국에 와서 애써 고생하시는 것도 보다 나은 행복을 위해서가 아니겠습니까.

우리들이 행복하기 위해서는 우선 불안한 마음이 없어야 할 것인데, 우리 범부 중생들은 항시 불안한 가운데 조바심하고 고민하면서 가지가지의 불행을 겪지 않을 수가 없습니다.

그래서 부처님을 비롯한 과거 많은 성현들이나 모든 철학의 가르침들이 다 한결같이 우리 인간의 불안의식을 해소하고 인생고를 구제하는 데 근본 목적을 두고 있습니다.

그러나 혼란하고 착잡한 현대 사회에서 바른 가치관을 확립하여 불안한 마음을 없애고 진정한 행복을 누리게 하는 가장 분명하고 투철한 가르침은 아무리 생각해봐도 부처님의 가르침밖에 없다고 단정 지을 수밖에 없습니다.

여러분이 생활하시는 이 미국은 기독교 나라나 마찬가지여서 한국에서 건너오시는 분들이 살아갈 방편에 따라 많이들 기독교에 귀의하는 추세인데, 그런 어려운 여건 속에서 여러분들께서 의연하게 불법(佛法)을 지켜오신 것은 참으로 장하시고 대견스런 일이라 생각합니다.

저는 미국에는 처음이고 온지도 며칠이 안 되서 미국의 복잡한 사정과 어두운 면을 잘 모릅니다. 다만 매스컴을 통하여 그런대로 짐작

할 정도이고 아직은 긍정적인 좋은 면만을 볼 수 있었습니다.

광막한 사막을 개척하여 거대한 도시를 건설한 나성지방, 뉴욕의 어마어마하고 정교하게 건립된 고층빌딩의 숲들을 대할 때 압도당할 정도로 위압감을 느꼈습니다. 그리고 장엄하고 신비로운 나이아가라 폭포, 광활하고 풍요한 미국의 대지(大地)에서 과연 미국의 에너지가 이렇듯 웅대하였기에 세계 최강국이 될 수 있었구나 하고 새삼 감탄을 하였습니다.

사실 외형적인 면만으로 봤을 때 부존자원이 너무나 빈약하고 아직도 남북분단의 비극에서 헤어나지 못하고 있는 우리로서는 도저히 따라갈 수가 없을 것입니다. 몸 생김새도 우리보다 훨씬 훤칠하게 잘나 보이고 생활 정도도 몇 갑절 월등하게 보였습니다.

그래서 제가 만약 불교를 믿지 않았더라면 좌절감 때문에 미국에서 단 며칠도 견디기 어려웠을 것입니다.

그러나 천만다행하게도 천상천하에 위없는 삼보(三寶)인 불교를 믿었기에 조금도 열등감이 없이 한국인의 긍지와 사명감을 느끼게 되는 것입니다.

물질문명이라 하는 것이 제아무리 고도로 발달한다 할지라도 도덕과 종교, 철학 등 정신적인 면을 소홀히 하고 현상적인 문제, 곧 세속적이고 물량적인 현실문제에만 치우칠 때는 그 물질문명 자체의 가는 길이 절대로 순탄할 수가 없을 뿐 아니라 필경에는 퇴폐, 타락하여 멸망을 초래할 수밖에 없습니다. 그것은 오랜 세월 동안 재물과 영토의 쟁탈을 위하여 반목과 분열과 전쟁과 멸망으로 얼룩진 처참한 인류역사가 증명하는 사실이 아닙니까.

옛날 영화를 자랑하던 이집트 문명도, 그리스나 로마 문명도 오래 가지 못했고, 일차대전, 이차대전도 20세기에 와서 피비린 냉전도 다 같이 상처만 입고 허무하게 끝나지 않았습니까.

역사 이래 우리 인간은 인생의 가치와 자기 삶에 대한 향방을 모르기 때문에 원시시대도 거치고 중세 암흑시대도 경험하고 자본주의시대, 공산주의시대 등 수많은 경험과 시련을 겪어 왔습니다. 그러나 모두가 다 실패로 끝나지 않았습니까.

특히 공산주의는 자본주의의 모순을 시정하고 척결하는 명분으로 혁명을 일으킨 것인데 그 종주국인 소련에서 74년간이나 통제하고 탄압하고 하여 별 짓을 다 했지만 결국 지탱하지 못하고 추악하게 붕괴된 것을 보십시오.

그렇다면 자본주의가 공산주의를 대신하는 가장 현명한 최선의 사회가 될 수 있을 것인가? 적어도 온전한 대안(代案)이 될 수는 없습니다.

자본주의가 자유 민주와 시장경제 등 좋은 점도 많으나 결국 자본 증식과 물량 위주로 치닫게 되어 필경 심각한 계급분열과 부정부패

한 사회가 되지 않을 수 없습니다.

우리 인생이란 한세상 살다 가는 무상한 나그네길인데 우리는 대체 어디서 와서 어디로 가는 것인가? 그리고 우리 삶의 의미는 무엇인가? 현재 우리 인간은 물질과 형식의 노예가 되어 그물에 걸린 고기나 새장에 갇힌 새와 같이 지향할 바른 길을 모르고 스스로 자기가 만든 무지의 질곡에 묶이어 괴로워하고 있는 것입니다.

세계 기독교 인구가 17억쯤 되고 이슬람교도도 10억쯤 된다고 합니다. 다른 종교인까지 합하면 아마 종교 인구만도 그 수가 40억 정도는 되겠지요. 그런데도 오히려 인류의 평화와 행복은 머나면 지평선 너머 아득하기만 하고 갈등과 전쟁과 각종 범죄는 줄어들지 않고 있지 않습니까.

이러한 심각한 근원적인 병폐와 불행들이 어디서 오는 것인가? 그것은 오로지 자기 스스로와 일체만유의 생명의 실상이 무엇인지를 모르는 무지와 무명에 그 근원이 있는 것입니다.

고도로 발달한 현대의 첨단과학도 물질의 근원은 무엇이고 인간의 마음은 무엇이며 물질과 마음의 관계는 어떤 것인지를 모르기 때문에 심각한 한계에 부딪히고 인간의 마음은 갈수록 삭막한 불안과 좌절을 절감하지 않을 수가 없습니다.

이러한 가장 궁극적이고 보편적인 문제들을 해결하는 데는 부처님의 가르침을 떠나서 다른 데서는 찾을 길이 없습니다.

여기에 우리가 불교를 믿는 자랑과 보람과 한없는 환희를 느끼게 되는 것입니다. 사실 우리 개인적인 구제나 사회적인 구원이나 어떠한 어려운 문제이든 간에 그 근원적인 해결은 일체생명의 실상을 밝힌 부처님 가르침인 반야바라밀 곧 중도실상(中道實相)의 자혜(慈惠)만이 능히 감당할 수가 있는 것입니다.

그러면 부처님의 가르침은 어째서 이러한 인생의 근본문제를 해결할 수 있을 것인가? 부처님의 가르침은 우주만유의 일체존재를 모조리 한결같은 일미평등(一味平等)한 하나의 생명으로 보는 것입니다.

기독교적 견해로는 하나님은 저편에 있고 나는 여기에 따로 있다고 하며, 인간과 인간, 자연과 인간도 서로 뿔뿔이 대립적으로 존재한다고 합니다.

이와 같이 기독교나 이슬람교나 다 이원적이고 상대적인 가르침입니다. 물론 예수나 마호메트나 그분들도 성인들이라 그 분들의 근본 뜻은 모든 존재를 하나의 유기적인 생명체로 깨달았을 것으로 생각합니다만 적어도 현행 기독교도, 이슬람교도들의 신앙과 인생관은 이원적인 상대성을 떠나지 못하고 있습니다.

우리 불교인들은 먼저 우리의 신앙 대상인 부처님에 대하여 방편설이 아닌 명확하게 대승적인 개념을 정리해야 합니다.

우주의 생명 자체인 부처님을 법신(法身), 보신(保身), 화신(化身)의 삼신으로 구분하여 설명하는데, 법신 부처님은 바로 인생과 우주의 생명의 실상자체를 의미하고, 보신 부처님은 법신 부처님에 갖추어진 성품 내용인 자비, 지혜, 행복, 능력 등이 원만 무결한 공덕을 의미하고, 화신 부처님은 법신에 보신공덕을 갖춘 부처님이 인연을 따라 형상화되는 모든 존재를 의미합니다.

따라서 석가모니 부처님을 비롯한 우리 인간이나, 일체 동물, 식물, 해와 달과 별들, 우주의 모든 존재들은 다 한결같이 화신 부처님이 되시는 것입니다.

부처님은 이 부처, 저 부처로 분할할 수 없는 원융무애(圓融無碍)의 동일한 생명체인 진여불성(眞如佛性)인데, 방편으로 중생들의 이해를 돕기 위하여 법신, 보신, 화신 등 삼신으로 구분하여 설명하게 되는 것입니다.

그렇기에 삼신일불(三身一佛)이라 하며, 이러한 진여불성이 인연에 따라 우주만유의 삼라만상으로 나타나는 현상을 진여연기(眞如緣起) 또는 법계연기(法界緣起)라 하고 줄여서는 연기법(緣起法)이라고 합니다.

진여불성인 부처님은 더하고 덜함이 없고 생(生)하고 멸(滅)함이 없으며 시간, 공간과 인과율을 초월한 생명 자체이기 때문에 인연에 따라 이루어지는 일체만유도 또한 동일한 부처님이 되는 것입니다.

따라서 우주에는 진여불성 곧 부처님일 뿐 다른 존재는 없습니다. 그리고 불성(佛性)이나 불심(佛心)이나 법성(法性)이나 법계(法界)나 다 같은 부처님을 의미합니다.

가령 물질의 원자를 구성한 전자 또는 양자, 중성자 등도 그것들이 어느 공간 속에 고정되어 있는 고유한 존재가 아니라, 순수 에너지라 할 수 있는 진여불성이 인연에 따라 진동하여 마이너스 성품을 띨 때는 전자라 하고 플러스 성품을 가질 때는 양자이고 중성(中性)인 경우에는 물리학자들이 중성자라고 이름을 지었을 뿐입니다. 그것들이 결합하여 산소나 수소 등의 각각 원소가 되는 것이 아닙니까.

따라서 원소들이 인연에 따라 결합하여 세포를 이루고 사람 몸뚱이가 되었건, 하늘에 별이 되었건, 공기가 되었건 현상만 변했을 뿐 에너지 자체는 조금도 변질되지 않습니다.

그렇기에 순수에너지 차원에서 볼 것 같으면 천지는 나와 더불어 뿌리가 같고 만물은 나와 더불어 하나의 생명이라고 하는 것입니다. 가령 자기를 냉혹하게 배신한 사람이 있다면 그를 당장에 때려죽이고 싶도록 미워할 수도 있겠지요.

그러나 그 사람도 자기 업에 따라 허망한 가상(假相)으로는 미운 짓을 했지만 실상(實相)인 진여불성의 입장에서는 불구부정(不垢不

淨)하여 조금도 오염되지 않는 나와 더불어 동일한 하나의 생명이 아닌가 하고 통찰할 때는 불현듯 미운 마음이 가시게 되는 것입니다.

백인이나 흑인이나 황인종간의 인종적인 해묵은 갈등 또는 국제간의 분쟁이나 어떠한 대인 관계의 불화나 다 근본성품자리에서는 동일한 생명이라는 동체대비(同體大悲)로 달관할 때에만 비로소 근원적인 해결책을 얻을 수가 있는 것입니다.

자연과 인간과의 문제, 곧 나무와 흙이나 물, 공기 등도 다 근본적으로 유기적인 동일한 생명체입니다. 같은 생명체이기에 자연을 훼손하면 바로 보복을 받게 되고 자연을 존중하고 보호하면 그만큼 우리가 혜택을 받게 되는 것입니다.

그래서 현대 사회의 심각한 자연공해의 환경오염 문제나 노사 간의 갈등이나 단체 간의 괴리나 가정의 불화 등 우리 사회의 어떠한 어려운 문제라도 부처님의 가르침 앞에서는 마치 눈송이가 화로 안에서 곧바로 녹아버리듯 이른바 홍로점설(紅爐點雪)이 되지 않을 수 없습니다.

이렇듯 유물주의와 형식주의에 병든 현대사회는 불교와 같이 일체만유가 동일율(同一律)의 동일 생명체라고 철저하게 규명한 가르침만이 진정한 구제의 등불이 될 수 있는 것입니다. 그런 의미에서 우리 불교인들은 선택된 선량(選良)들입니다. 여러분들이 불교를 공부하면 할수록 더욱 절실하게 불교인의 긍지와 은혜를 절감하게 될 것입니다.

비록 현재의 자기 입장이 못나고 가난하고 학식이 부족하다 할지라도 우리는 본질적으로는 추호도 흠축(欠縮)이 없는 부처님인 것입니다.

부처란 지혜나 자비나 행복이나 능력이나 모든 공덕을 원만히 갖추고 있는 생명의 광명(光明)입니다.

이와 같이 우리는 본래가 바로 부처님이요, 진리요, 생명이요, 광명이기 때문에 상대적인 재물이나 명예나 이성간의 애욕 등 그 무엇으로도 불안한 인간의 마음을 충족히 채워줄 수는 없는 것입니다.

다만 우리 인간은 생명의 고향인 부처님을 지향하여 부처님이 되고자 노력하고 정진할 때만이 비로소 진정한 평안과 환희와 영생의 행복을 얻을 수 있는 것입니다.

부처님은 바로 우주 자체입니다. 따라서 봄이 가서 여름이 오고 가을이 저물어 겨울이 찾아오는 것도 모두가 다 우주 스스로의 법칙과 도리, 곧 부처님의 근본 서원(誓願; 부처나 보살이 모든 중생을 구제하려고 세운 서약)에 따라서 그렇게 되는 것입니다.

자연이나 인간이나 본래가 같은 생명의 부처이고, 일체 모든 형상도 또한 부처님의 행위인데, 다만 우리 중생들이 번뇌에 가리어 근본 성품을 깨닫지 못하고 겉에 뜬 허망한 가상(假相)만 보는 것이며, 성자(聖者)들은 무지와 번뇌를 여의고 여실히 근본성품을 깨달아서 무명 번뇌 속을 헤매는 중생들을 구제하게 되는 것입니다.

그렇기에 누구나 다 본래가 부처이니 더디고 빠른 차이는 있을지라도 한결같이 성불을 지향하지 않을 수 없으며, 우주 자체의 본원(本願), 곧 근본 서원이 바로 법회 때마다 서원하여 외우는 이른바 사홍서원(四弘誓願)인 '중생무변서원도, 번뇌무진서원단, 법문무량서원학, 불도무상서원성'이 되는 것입니다.

그러나 우리 인간들이 허망한 현상인 가상(假相)과 허구적인 개념인 가명(假名)에 집착하고 물질의 노예가 되어 진리를 믿지 않고 게으름을 부린다면 금생에도 부처가 되지 못할 뿐 아니라 몇 천만 생을 더 윤회(輪廻)하면서 생사고해(生死苦海)를 거듭할 수밖에 없습니다.

요즘 기독교계의 일부에서 요란하게 떠들어 대고 있는 '시한부 종말론' 같은 것은 진리를 깨닫지 못하고 어리석게도 번뇌망상에 사로잡힌 자들의 얘기입니다. 마치 눈 먼 소경이 여러 소경들을 이끌고 지척거리다가 다 함께 허방(움푹 팬 땅)에 빠지고 마는 것처럼 종말

론자, 그들 스스로가 시한부 종말의 비참한 운명을 면할 도리는 없을 것입니다.

그것은 일체중생을 평등한 사랑으로 영생의 고향에 인도하려는 예수의 거룩한 가르침과도 근본적으로 배치(背馳)되는 것입니다.

색즉시공(色卽是空)이요, 공즉시색(空卽是色)이라. 우리 몸뚱이나 일체존재 색(色)의 성품이 바로 진여불성 공(空)이요, 진여불성 공(空)이 인연을 따라 형상화되는 것이 바로 일체존재 색(色)입니다. 그리고 허망한 가상(假相)과 가명(假名)을 여읜 공(空)의 실체가 바로 진여불성인 것입니다.

우리 스스로의 몸뚱이에 대하여 너무 집착을 마십시오. 이 몸뚱이는 과거 전생에 있었던 것도 아니고 미래 내생에 이대로 있을 것도 아니며, 현세에도 시시각각으로 신진대사하여 마지않는 전변무상(轉變無常)한 허망한 존재에 지나지 않습니다.

중생들은 자기 몸뚱이를 금덩이보다도 더 소중히 생각하여 지나치게 아끼고 보살피는 이 몸뚱이 때문에 남과 다투고, 죽이고 죽고, 울고 웃고 하는 그 몸 자체가 일 초 전과 일 초 후가 같지 않습니다.

어느 순간도 같은 모습으로 동일한 공간에 존재할 수가 없다는 말입니다. 그렇기에 이 몸이나 모든 존재 그대로 공(空)일 수밖에 없는 것입니다.

앞서 말씀한 바와 같이 물질이 아닌 에너지가 그 진동 여하에 따라서 전자, 양자 등이 되고 그것들이 결합하여 산소, 수소 등 각각 원소가 되고 다시 그것들이 결합하여 우리 몸을 비롯한 모든 존재가 있게 되는 것인데, 결국 영을 몇 천 번 더하거나 곱해도 영은 영일 수밖에 없듯이, 공(空; 에너지)의 결합체인 이 몸뚱이가 절대로 내 것이라고 고집할 근거는 그 어디에도 없는 바로 그대로 공(空)일 뿐입니다.

그렇기에 「금강경」에도 '일체 유위법(有爲法)은 꿈이요, 허깨비요, 거품이요, 그림자와 같다' 고 하지 않았습니까.

그래서 우리 인생의 지상명제는 나와 남이 다 함께 부처가 되는 자기 성불과 중생제도를 위하여 허망한 몸뚱이일망정 합리적으로 잘 관리하고 어느 때 어디서나 성불의 필수요건인 윤리도덕 곧 계율의 생활에 최선을 다해야 하는 것입니다.

그래서 성인들은 일체생명의 실상인 동일한 진여불성을 깨닫고 바로 그 자리에 입각하여 생활하기 때문에 일거수일투족이 모두 무아(無我), 무소유(無所有)의 진정한 계율과 윤리 도덕에 합당한 반면, 범부 중생들은 근본성품을 깨닫지 못했기 때문에 일체 모든 현상에 집착하여 무절제한 파계(破戒)와 업(業; karma)을 짓고 한량없는 고난을 받게 되는 것입니다.

공자나 노자나 예수나 마호메트 등의 성현들도 비록 석가모니와 같은 완벽한 깨달음을 성취했다고는 못할지라도 다 한결같이 허망무상한 환상들에 집착하지 말고 영생불멸한 근본성품에 돌아가라는 가르침은 동일합니다.

따라서 다른 종교인들이 불교를 비방한다면, 그것은 바로 그들 스스로의 교조(敎祖)와 교리에 위배되는 이율배반(二律背反)의 무지한 소치에 지나지 않습니다.

우리들의 현실생활이 각박하고 어수선하여 금생에 당장에 빨리 견성오도하여 성자(聖者)까지는 못 된다 할지라도, 우선 이치와 도리로만이라도 '우주 만유가 바로 동일한 생명인 진여불성이구나' 라고 바로 통찰하면 모두가 한결같은 부처님뿐인데 말입니다.

이렇게 느끼고 이해하기만 하여도 우리 몸과 마음도 한결 가뿐해지고 밝아져서 이내 성불의 대도(大道)를 지향하게 되며, 불보살들과 호법선신들이 우리를 가호하게 되는 것입니다.

진여불성인 생명의 공덕을 자비나 지혜나 행복이나 능력 등 모든 것이 원만하게 갖추어진 부사의하고 보배로운 생명 자체이기 때문에 우리의 신행(信行)과 정진으로 우리 마음이 정화되어 진여불성과 가까워질수록 우리의 능력과 행복은 더욱 더 증진, 발전되는 것입니다.

우주의 본질인 진여불성은 우주에 충만한 생명의 광명입니다. 우주 그대로 빛이요, 진리요, 생명이기 때문에 우리가 진리에 가까워지면 가까워질수록 자연적으로 우리의 몸도 마음도 밝아지고 우리를 속박한 어두운 그림자는 사라지고 마는 것입니다.

저 부처님 뒤에 모신 장엄한 후불탱화를 보십시오. 부처님께서 나투신 광명으로 천지우주를 두루 충만하게 비추고 있는 것입니다. 그것은 바로 부처님의 한량없고 영원한 생명의 광명을 상징하고 있는 법계만다라(法界曼茶羅)인 것입니다.

기도를 많이 모시든지, 경전을 일심으로 독송하든지, 참선을 열심히 하시는 분들은 그 공부 정도에 따라서 부처님의 광명을 맑게 혹은 적게 느끼기도 하고 실제로 증험(證驗)하기도 하는 것입니다.

여러분들이 관세음보살의 명호(名號; 불보살 이름)를 부르시든, 아미타불을 염하시든 또는 무(無)나 '이 뭣꼬' 화두를 참구(參究)하시든지 또는 경을 독송하시든지 다 한결같이 우리 스스로 부처님으로 돌아가는 소중한 성불의 수행방법인 것입니다.

그리고 모든 중생들은 생명의 근본고향인 진여불성으로 돌아가는 일보다 더 중요하고 급박한 일은 어디에도 없는 것입니다.

그래서 과거 많은 성현들이 그 길을 위하여 자기 재물을 모조리 바치기도 하고, 젊음을 미련 없이 불사르고 출가하기도 하였으며, 일찍이 신라의 법흥왕과 진흥왕과 같이 내외분이 다 함께 왕위를 버리고 승려가 되기도 하였고, 더러는 소중한 생명까지도 아무런 주저 없이 던지기도 하였습니다.

여러분들이 훌륭한 아버지, 어머니가 되고 좋은 아내와 남편이 되고 또는 위대한 스승이나 정당한 민주시민이 되기 위해서는 부처님의 가르침을 떠나서는 그 갸륵한 뜻을 이룰 수가 없을 것입니다.

부처님은 동일한 우주의 생명이기 때문에 여러분들께서 아미타불을 외우든 관세음보살이나 지장보살이나 하나님이나 알라를 외우든지 다 같은 부처님자리입니다.

다만 부처님의 공덕이 무량무변하기 때문에 자비로운 쪽으로 이름을 지어 관세음보살, 지혜로운 면으로는 대세지보살이나 문수보살, 지옥중생을 구제하고 영혼을 다스리는 방면의 이름으로는 지장보살, 기독교 쪽으로는 하나님, 이슬람교 쪽으로는 알라, 그리고 부처님의 총 대명사인 아미타불입니다.

만약 소박하고 천박한 생각으로 이 부처님, 저 부처님, 이 보살, 저 보살 뿔뿔이 따로따로 존재한다고 하면 그것은 미개한 시대의 다신교(多神敎) 신앙이지 가장 보편적이며 궁극적인 가르침인 불교는 아닙니다.

불보살이나 선지식들의 가르침은 옳은 것이니, 자기가 선택한 공부방법대로 일심정념(一心正念)으로 정진하면 날로 번뇌는 가벼워지고 공덕은 쌓이게 되어 몸도 마음도 갈수록 맑고 밝아지며 마침내 오랜 과거로부터 익혀온 습관성은 모조리 소멸되고 근본성품인 진여불성을 깨달은 성자가 되는 것입니다.

혹 장사나 사업하시는 분들이 불교신앙에 몰두하게 되면 손해가 많다고 하는데 걱정하지 마십시오. 부처님의 가르침대로 모든 사람들을 차별 없이, 다 부처님같이 상대한다면 대인관계가 한결 좋아져서 고객도 더 많아질 것이고, 자기 마음도 점점 밝아져서 매사에 사리판단도 정확해질 것이니, 어떤 면에서나 훨씬 능률적이고 창조적인 생활이 이루어지게 될 것입니다.

가령 정치인이 되어 정적들과 심각한 정책대결 등 몹시 불편한 입장에 처하게 될 때에도 상대되는 사람 자체를 미워할 수가 없으니, 정치생활이 한결 순탄하고 합리적으로 잘 풀리게 될 것이며, 기타 어떤 분야에서나 다 참다운 신앙생활로 말미암아 보다 유연한 타협과 화해의 혜택을 누리게 될 것입니다.

기독교나 이슬람교나 유교나 도교나 다 위대한 성자들의 가르침이기 때문에 그 표현방법과 그 교리 내용이 다소 깊고 옅은 차이는 있을지라도 생명의 고향인 진여불성(부처님 또는 하나님)을 지향하여 윤리ㆍ도덕을 실천하는 점에서는 동일한 가르침입니다.

그러나 불교와 같이 인생과 우주의 본질과 생명의 실상을 여실히 밝히지는 못했기 때문에 현대와 같이 모든 주의, 주장이 얽히고설키고 흐트러질 대로 흐트러진 역사적 위기에 처해 있는 지극히 복잡하고 어려운 시대에는 다른 종교와 같은 단순하고 소박한 가르침만으로는 겹겹으로 얽혀 있는 질곡을 헤치고 진정한 이상 세계 창조의 기능을 다 할 수가 없는 것입니다.

그래서 우리 불교와 같이 가장 합리적인 과학인 동시에 가장 궁극적인 철학이며 생사해탈과 일체만덕을 원만히 성취하는 가장 심오한 종교만이 쌓이고 쌓인 인류사회의 병폐를 치유하는 유일한 복음이 되고 최상의 구세주가 될 수 있는 것입니다.

그렇기에 앞으로 세월이 흘러감에 따라 인류 문화가 날로 성숙하게 되면 다른 모든 가르침들도 필연적으로 우주 자체의 도리인 부처님의 가르침 안으로 흡수되고 동화될 수밖에 없을 것입니다. 우리들이 오늘날과 같이 복잡, 다난한 시대 상황에서 천행으로 불교를 선택하게 된 것은 참으로 축복되고 가장 정당한 최선이었습니다.

앞으로 우리의 노력정진에 따라서 우리는 반드시 생명의 실상을 깨달아 위없는 생사해탈의 지혜인 반야바라밀을 성취하고 만중생과 더불어 영생의 행복을 누리게 될 것입니다.

우리 불자님들, 지루한 시간 동안 경청해 주셔서 대단히 감사합니다.

三. 만법귀일(萬法歸一)

연기법이라 하는 것은 불교 철학의 핵심입니다. 이 가운데에는 아인슈타인의 상대성 이론 또는 다른 종교 또는 희랍 철학, 로마 철학, 동양 철학 모두가 들어 있습니다.

오늘 청명한 가을 하늘 아래 태안사 대웅전 (大雄殿) 상량식(上梁式)을 봉행하게 된 것을 사부대중과 더불어서 경축해 마지않습니다. 영웅 가운데 영웅이고 성인 가운데 성인이 부처님이십니다. 따라서 부처님을 한편으로는 대웅(大雄)이라고 합니다. 성자 가운데 가장 높이 으뜸가는 성자가 바로 영웅이고 부처님입니다.

　그러한 부처님을 모시는 대웅전 상량식을 올렸습니다. 오늘 상량식을 올리기까지 그냥 그렁저렁 어느 몇 분들이 공을 세워서 올린 것이 아닙니다. 부처님 법은 인연생(因緣生) 인연멸(因緣滅)이라, 어느 사소한 것이라 하더라도 무수한 헤아릴 수 없는 인연들이 모이고 쌓여서 이루어집니다.

　특히 대웅전 같은 이 우주 가운데 최상의 전당을 이룩할 때는 특별히 시주한 분도 계십니다만 그 외에 사부대중 또는 사회에서 여러 가지로 사회의 중요한 국가의 일을 보시는 그런 분들, 이러한 인연들이 다 모여서 대웅전이 이루어지는 것입니다.

　이 태안사 대웅전은 특별히 독판시주하신 이중근 거사님, 이 분은 원래 장로이신데 그 조금도 상이 없이, 기독교라든가 불교라든가 그런 벽이 없이 성자의 길 또는 일반 사회봉사, 그런 길 같으면 자기가 시주하시겠다는 공변된 뜻으로 해서 독판시주를 하신 분입니다.

　대체로 아시는 바와 같이 이분이 저 위에 선방도 건립하시고 또 그 위에 있는 명적암도 이 분이 시주를 하신 분입니다.

　그리고 이 대웅전까지도 그 이가 애초에 말을 내서 시작한 것이 다행히 국비 2억 5천만 원 보조를 받았습니다. 그야말로 여러분들의 정성어린 그러한 혜택을 받았습니다.

64

이와 같이 이 분들의 공도 크지만 또 기와 한 장 또는 기둥 하나 이러한 것을 시주한 우리 사부대중이나 설사 인연이 못 닿아서 시주를 못했다 하더라도, -사실은 태안사에서 이와 같은 법당을 건립하게 된 것은 태안사에 다니신 우리 불자님들, 태안사가 불자님들이 오시지 않고서 그냥 황량한 분위기가 되면 누가 태안사에 법당을 지으려고 하겠습니까 - 한 번이라도 태안사에 오신 우리 불자님들 또는 불자님들이 아니라 하더라도 인연 있는 그런 분들의 힘과 정성이 모이고 모여서 오늘 상량식을 올리게 된 것입니다. 부처님 법은 앞서 말씀드린 바와 같이 바로 인연법입니다.

인연법이라는 것은 어느 특수한 인연으로 해서만 이루어질 수가 없는 것입니다. 한 사람이 태어나고 또는 여기 앞에 있는 이 꽃이 피고 이런 것도 모두가 다 무수한, 헤아릴 수 없는 우주 전체의 인연이 쌓이고 모여서 꽃이 피고 하나의 인생이 태어나고 하는 것입니다.

따라서 불교의 가르침 즉 부처님 가르침과 다른 가르침과의 차이는 다른 가르침은 무슨 그런 결과가 있으면 결과를 이룩한 그 몇 가지 원인으로 된다, 이렇게 단순논법으로 말합니다만 부처님 가르침은 절대로 그렇지 않습니다.

하나의 인간 생명이나 또는 다른 동물이나 다른 식물이나 모두가 다 하나의 존재가 있다고 생각할 때는 그 존재를 위해서 우주 만유의 모두가 직접으로, 간접으로 관계되어 있습니다. 어떤 존재나 이른바 관계성이라 불교 말씀으로 하면 인연법인데 인연이라, 인연이 모이고 모여서 하나의 존재가 이루어집니다.

그렇기 때문에 자기라 하더라도 자기 개별적으로 우연히 태어난 것은 절대로 아닙니다. 부모님의 막중한 그런 은혜 또는 사회의 은혜 또는 우주 법계의 모두의 은혜가 다 거기에 깃들어 있습니다.

나는 무엇인가?

우리는 지금 어려운 시대에 살고 있습니다. 봄이나 여름은 분방하고 덥고 바쁘기 때문에 그냥 자기반성을 못하고 자기 스스로 돌아볼 겨를도 없이 바쁘게 지내왔지만 이 향수의 계절, 가을에 와서는 조금 돌아다봐야 합니다. 나는 대체로 어떻게 태어났는가? 내 인간 존재의 뜻은 무엇인가?

우리가 곰곰이 생각해 보면 다른 가르침도 훌륭한 가르침이 많이 있지만 특히 내가 무엇인가 하는 '자기 인간 존재가 무엇인가?' 이런 의문에는 부처님 가르침이 아니고서는 명확한 해답이 없습니다.

이것은 절대로 아전인수(我田引水)가 아닙니다. 한 번 우리가 생각해 본다 하더라도 내 스스로가 무엇인가, 자기 생명이 무엇인가를 모를 때는 그때는 우리 마음이 항상 불안합니다.

우리가 가는 길은 대체로 어디를 향하는 것인가? 또는 내 부모 형제간과 나와는 어떤 관계인가? 내가 미워하는 사람과 나는 누구이고, 이런 저런 문제에 명확한 해답을 내리지 못하면 방금 말씀드린 바와 같이 인생은 항시 불안하고 불행한 것입니다.

그렇기 때문에 이런 해답을 내리지 못하는 다른 종교, 다른 철학, 다른 과학, 이런저런 것으로 해서는 사실 우리 인생이 참다운 행복을 보장받지 못하는 것입니다. 그러한 것이 지금 현대 우리가 처한 이 사회 또는 이 세계의 이러한 상황입니다.

무슨 주의, 무슨 사상, 별의별 사상과 주의를 많이 가지고 우리 인간들은 노력들을 많이 했습니다. 그러나 그런 것들이 모두가 다 우리 인생의 참다운 행복을 위해서 공헌하지 못했습니다.

여러분들이 아시는 바와 같이 가령 공산주의도 1917년 10월 혁명 때부터 70년 동안이나 그 주의 밑에서 가지가지의 그런 제도를 세우고 또는 혁명을 하고 했습니다.

그러나 그 결과가 무엇인가?

그 사람들도 자본주의 모순을 지양하고 또는 모순을 없애서 보다 더 우리 인간의 행복을 위해서 일하겠다는 그런 다짐으로 했던 것입니다. 그런 다짐으로 자기 형제간도, 자기 친구도 사상이 다르면 가

차없이 무자비하게 숙청했단 말입니다. 그 결과가 무엇인가?

그 결과가 소비에트 붕괴입니다. 지금은 소비에트라는 나라는 흔적도 없습니다. 그들도 배울 대로 배우고 총명한 사람도 많이 있을 것이고 학벌이 좋은 사람도 있을 것이고 학자도 많을 것입니다만 그러한 사상과 주의, 이른바 이데올로기적인 것으로는 우리 인생의 행복을 절대로 얻을 수 없었습니다.

지금 우리나라에도 국가의 요직에 계신 많은 분들이나 또 대통령도 믿는 기독교, 기독교도 훌륭한 종교입니다. 훌륭한 종교이고 인류 문화를 위해서 도덕적으로 공헌을 많이 했습니다.

그러나 내가 무엇인가? 나라는 것은 어떤 존재인가? 물질이라는 것은 근본적으로 무엇인가? 이런 문제에 관해서는 유감스럽게도 밝은 해답을 못 내리고 있습니다. 모두가 다 하나님이 창조했다, 그런 도리 아니겠습니까?

따라서 그런 도리는 하나님은 저기에 따로 있고, 하나님은 저만큼 계시고 나는 여기 있다, 즉 다시 말씀드리면 하나님과 나와는 별개란 말입니다. 또는 나와 자기 부모와도 별도입니다.

인연을 따라서 부모가 되고 자식이 된 것이지 나는 나대로 부모는 부모대로 좋은 사람과 궂은 사람도 다 마찬가지로 다 따로 구분해 보는 것이 기독교의 사상입니다.

따라서 그와 같이 자기와 남을 구분하고 또는 신앙 대상인, 신앙의 목적인 하나님과 우리 인간을 구분하고, 자연과 인간을 구분하고, 이른바 이와 같이 이분법적인 것으로 해서는 우리 인생의 참다운 행복을 얻을 수가 없습니다.

어쨌든 나와 남이 따로이기 때문에 자기 행복을 위해서는 어느 때도 남을 희생시켜도 무방하다, 이렇게 잔인하게 안 될 수가 없습니다.

자연 따로, 인간 따로, 자연이라 하는 것은 우리 인간이 마음대로 이용해도 되지 않겠는가? 인간의 복리를 위해서는 파괴해도 무방하지 않겠는가? 이렇게 보는 것이 이분법적인 서구사상입니다.

우리가 믿고 있다고 해서 부처님 가르침을 아전인수 격으로 찬탄해서 하는 말은 절대로 아닙니다. 토인비 같은 위대한 사학자나 또는 아인슈타인 같은 물리학자들도 앞으로는 꼭 이 세계화 시대에, 세계가 한 집이 되고 우주가 한 집이 되는 이런 시대에는 모두를 하나로 통일하는, 모든 진리가 본래 둘이 아니기 때문에 하나로 통일하는 그런 가르침이 되어야 참다운 철학이 되고 참다운 종교가 된다고 갈파(喝破)했습니다.

사실은 그렇습니다. 앞으로는 우리가 좋든 싫든 간에 기독교와 불교, 이슬람교, 도교, 유교, 모두가 다 같이 교섭하고 같이 대화하고 같이 힘을 합쳐야 하는 것입니다. 합치지 못하면 필요 없이 소모전을 하고 우리 인류의 불행만 초래합니다.

그런데 다른 가르침으로 해서는 도저히 하나로 합칠 수가 없습니다. 그것은 앞서 말씀드린 바와 같이 나 따로, 남 따로, 자연 따로, 인간 따로 또는 우리가 신앙이라고 하면 신앙의 대상은 별도로 저 어디엔가 있고 우리 인간은 이만큼 밑에 가 있고 이렇게 나누어서 본다면 그런 사상으로 해서는 절대로 하나의 진리로 모두를 다 포괄하여 통일시킬 수가 없습니다. 융합시킬 수가 없습니다.

그러나 부처님 가르침은 그렇지 않습니다. 여러분들이 대체로 아시는 바와 같이 부처님 가르침은 연기법이라, 연기법이라 하는 것은 이것은 불교철학의 핵심입니다.

이 가운데에는 아인슈타인의 상대성 이론 또는 다른 종교 또는 희랍철학, 로마철학, 동양철학도 모두가 다 들어 있습니다. 왜 그러는 것인가?

이것은 이 우주라 하는 것은 모두가 인연을 따라서 이루어진다, 우주라 하는 것이 하나의 순수한 생명인 것인데 그 생명이 인연을 따라서 이렇게 되고 저렇게 되는 것입니다.

우리 사람도 우주의 순수한 생명 그런 자리에서 인연을 따라서 이루어지고 하늘에 있는 별이나 태양이나 또는 이 자연계나 어떠한 것이나 모두가 다 인연을 따라서 잠시 모양을 낸 것이다, 아인슈타인의 상대성 이론의 기본적인 골격이, 기본적인 근본이 부처님의 이 연기법에 가 있는 것입니다.

아인슈타인은 위대한 과학자이지만 그 분은 성자가 아니기 때문에 우주의 근본실체가 무엇인가? 우주의 근본 통일장(統一場)이 무엇인가? 이런 것은 자기가 연구를 했지만 미처 몰랐습니다.

가장 중요한 것은 우리 인간이 미처 모른다 하더라도 인생과 우주의 근본이 무엇인가? 이것을 아는 문제가 가장 중요한 문제입니다. 이것이 바로 여러분이 대체로 아시는 진여불성이라, 바로 진리인 동시에 바로 부처란 말입니다.

부처님의 성품자리, 불성 또는 바꿔서 말하면 법성, 이것은 진리이면서 바꿔서 말하면 우주의 풍만한 생명의 광명입니다. 성자는 이런 것을 마음이 맑아서, 마음에 번뇌가 없어서 분명히 투철하게 다 깨달은 분들입니다.

그러나 과학자는 위대한 과학자라 하더라도 번뇌가 있기 때문에, 번뇌가 있으면 성자가 아닙니다. 번뇌가 있는 범부중생이기 때문에 과학적으로 위대한 연구를 많이 했다 하더라도 공간적인 그런 범주 내의 것은 알겠지만 공간을 떠나면 공간을 초월하는 근본적인 것은 모릅니다.

예수나 석가나 공자나 마호메트나 그런 분들은 모두가 다 인생과 우주의 근본성품의 자리, 불교 말로 하면 부처님이고 기독교 말로 하면 하나님의 되겠지요. 그런 자리를 다 충분히 깨달은 분들입니다.

그러나 그 당시의 소박한 말로 했기 때문에 이런 것이 현대 지성인들은 성에 차지 않습니다. 또는 앞서 말씀드린 바와 같이 인생과 우주의 근본도리가 무엇인가 하는 문제에 있어서 명확한 가르침을 내놓지 못했습니다.

깨달아서 위대한 성자가 됐다 하더라도 그 깨달음이 완벽하지 못했기 때문에 인생과 우주의 근본 성품이 무엇인가 하는 문제에 분명하게 대답을 못했습니다. 따라서 그 분들의 가르침은 불교의 연기법이나 인연법 같은 그러한 투철한 우주의 진리를 다 포괄시킨 것이 아니었습니다.

일체존재가 하나인 생명자리, 하나의 부처님자리, 하나의 하나님자리, 그 자리로부터 인연을 따라서 천차만별로 이루어져 있기 때문에 천차만별로 이루어진 현상 그대로 바로 부처님이고 하나님인 것입니다.

72

바다에서 바람 따라서 천파만파 파도가 이루어지는데 높은 파도나 또는 낮은 파도나 모두가 다 같은 물이지 않습니까.

그와 똑같은 이유로 해서 천지우주라는 것은 우주의 순수한 생명자리, 우주의 순수한 생명자리가 바로 부처님이고 하나님자리인데 또는 현대 물리학적으로 말하면 순수 에너지인데 그 자리에서 인연을 따라서 이렇게 되고 저렇게 되고 천차만별로 구성되어 있습니다.

따라서 현상적으로 차이가 있다 하더라도 본질적으로 봤을 때 똑같은 데서 왔기 때문에 현상적인 차이는 잠시 허망한 것이고, 모두가 다 한결같이 부처님이고 하나님인 것입니다.

부처님한테서, 하나님한테서 인연을 따라서 잠시 모양을 나툰 것이기 때문에 현상도 역시 그러한 부처님, 하나님 성품과 조금도 차이가 없습니다.

그렇기에 부처님 눈으로 본다고 생각할 때에는, 성자의 안목으로 본다고 생각할 때에는, 인생과 우주의 근본 성품을 깨달은 성자의 눈으로 본다고 생각할 때에는 이것이나 저것이나 미운 사람이나 좋은 사람이나 모두가 다 한결같이 부처님이고 하나님인 것입니다.

이런 도리를 알아야 참다운 도덕이 서고 참다운 사회의 평화가 섭니다. 가령 우리가 민주주의를 한다 하더라도 저 사람은 저 사람이고 나는 나고 저 사람과 나는 완전히 다르다, 이렇게 생각할 때는 아무래도 개인적인 이기심이나 집단 이기심을 안 낼 수가 없습니다.

그러나 본질적으로 저 사람이나 나나 다 똑같이 부처님의 성품에서 왔기 때문에 사람이 되고 김가가 되고 박가가 됐다 하더라도 본바탕은 같지 않은가, 이렇게 생각하면 그 사람을 구박도 못하는 것이고 또는 자기만 잘 살기 위해 그 사람 못사는 그러한 꼴도 볼 수가 없습니다.

자연도 마찬가지입니다. 자연도 가령 지금 자연 훼손을 말라 또는 생태계를 파괴하지 말라 이러지만 아, 자연은 자연이고, 자연은 대상적으로 자연이고 나는 주관적인 나가 아닌가, 주관적인 우리 인간을 위해서는 마음대로 이용해야 할 것이 아닌가, 이렇게 생각하면 아무리 부르짖고 자연 훼손을 말라고 그래도 그때그때 자기 편리를 위해서는 훼손을 하고 마음대로 오염시키고 그럴 수밖에는 없습니다.

그러나 물과 나도 본래로 같은 생명이다, 흙과 나도 같은 생명입니다. 사실은 같은 생명입니다. 성자는 어떤 것을 보든 다 부처님의 성품으로 보고 하나님 성품으로 보는 것입니다. 이것은 현대 물리학이 증명합니다.

가령 전자나 양성자나 이런 것은 무엇인가? 이런 것은 고유한 전자가 있는 것도 아닌 것이고 고유의 양자가 있는 것도 아닙니다. 다만 우주의 순수에너지, 우주의 순수에너지가 어떻게 진동하는가, 어떻게 운동하는가?

그러한 것에 따라서 전자가 되고 양자가 되고 하는 것이지 본래 고유의 변치 않는 전자가 있고 양자가 있는 것이 아닙니다. 다만 잠시 마이너스, 플러스의 그런 전하만 띠고 있을 뿐이라는 것입니다.

아무튼 천지우주라 하는 것은 현대 물리학도 알 수 없는 생명의 장으로부터 그때그때 인연을 따라서 이렇게 저렇게 모양을 낸 것이 나요, 자연계요, 한단 말입니다.

그렇기 때문에 현대 물리학도 순수한 생명으로부터 인연을 따라서 일체가 이루어졌다, 이른바 불교에서 부처님께서 말씀하신 그러한 연기법, 인연법과 같은 도리입니다.

불교철학은 동일철학

따라서 불교사상은 연기법, 인연을 따라서 모든 존재가 이루어졌기 때문에 따지고 보면 하나의 생명이라, 이른바 동일철학입니다. 우리 불자님들, 잘 명심하시기 바랍니다.

서구철학과 불교철학의 기본적인 차이는 무엇인가 하면 서구철학은 이분법적인 분열적인 철학이기 때문에 철학적으로 간다고 생각할 때에는, 가령 사회를 정화시킨다 하더라도 자칫하면 인간의 존엄성을 무시하기가 쉽습니다.

그러나 불교철학을 동일철학(同一哲學)이라, 나나 너나, 미운 사람이나 고운 사람이나, 설사 과거에 부정을 좀 했다 하더라도 부정, 그것은 인연을 따라서 어쩌다가 겉으로 부정한 것이지 인간성 자체는 다 부처님입니다.

따라서 참회하고 반성하면 다 부처가 된다, 이렇게 생각할 때는 우리가 사정을 하고 또는 벌을 주더라도 기본적으로 사람은 미워할 수 없는 것이고 그 인격을 파산시킬 수가 없습니다.

그러나 이분법적인 서구적인 사상법에서는 그렇지 않단 말입니다. 사탄은 사탄이고 악마는 악마고 성자는 성자란 말입니다. 부처님 가르침은 그렇지가 않습니다. 부처님 가르침은 성자나 악마나, 악마는 겉모양뿐인 것이지 본바탕에서 보면 모두가 다 부처고 하나님이란 말입니다.

이렇게 되어야 이런 철학, 이런 사상 밑에서 종교가 이루어지고 정치가 이루어지고 경제가 이루어지고 해야 참다운 평화와 자유를 구가하는 그런 사회가 될 수 있는 것입니다.

우리 인간은 바로 부처님이고 하나님이기 때문에 그렇게 생각해야 참다운 존엄성이 성립됩니다. 인간은 다만 하나님이 창조했다, 피조물이다, 혹은 반대로 우리 인간보다도 더 위대한 것은 없다, 이렇게 생각하면 인간의 존엄성이 정확히 성립이 못되는 것입니다.

나는 예수와 석가와 더불어서 둘이 아니다, 이렇게 생각해야만 참다운 우리 인간성의 존엄이 성립되는 것입니다.

따라서 불교는 일체생명을 하나로 보는 동일철학(同一哲學)이라, 이른바 동일률(同一律)입니다. 이렇게 분명히 외우시기 바랍니다.

특히 서구사상은 분열주의(分裂主義)인 것이고 자타 구분을 하는 것이고, 불교는 그렇지 않고서 오직 하나로 보는 그런 동일사상인 것입니다.

부처님사상 가운데는 무한의 자비와 지혜를 갖추고 있습니다. 잘난 사람이나 못난 사람이나, 지금 나쁜 짓을 했다 하더라도 앞서 말씀드린 바와 같이 겉만 그런 것이지 사람 마음은 무한대의 자비, 지혜, 한량없는 공덕, 끝도 갓도 없는 능력이 다 갖추어져 있는 것입니다.

이렇게 생각해야 참다운 불교인이 되고, 이렇게 생각해야 진리에 걸맞은 사고방식입니다. 우리 불자님들은 가정도 어렵고 여러 가지로 고난이 많으십니다. 그런 것을 헤치고 나갈 때도 그냥 방편적으로 복(福)을 빌지 마시고서 근원적으로 수행하셔야 합니다.

참다운 인생과 우주의 근본성품자리인, 불성이고 신성자리인 그 자리를 놓치지 않아야 합니다. 우리 마음의 본성품이고 바로 우주의 본성품인 그 자리는 방금 말씀드린 바와 같이 자비나 지혜나 공덕이나 행복이나 일체를 다 갖추고 있습니다.

밖에서 안 구한다 하더라도 설사 우리가 인연 따라서 돈을 잘 못 벌고 구차해서 하루에 한 끼만 먹는다 하더라도 말입니다. 석가모니 같으신 분들은 하루 한 끼만 드셨습니다. 예수도 마찬가지입니다. 그분들은 그랬다 하더라도 조금도 불행이 없단 말입니다.

제일 행복한 것입니다. 왜냐하면 천지와 나와 더불어서 둘이 아니란 말입니다. 다른 사람이 배부르면 나는 못 먹어도 그때는 배부르단 말입니다.

나와 남이 둘이 아니거니

나와 남이 둘이 아니거니 다른 사람이 잘 되면 동시에 나도 역시 잘 된 것이나 똑같습니다. 이런 사상 밑에서 정치가 서고 경제가 서고 이렇게 해야 참다운 민주, 참다운 평등이 되는 것입니다.

그렇지 않고서 그냥 밖에서 제도만 가지고 잘하려고 하면 그렇게 될 수가 없습니다. 먼저 우리 의식이 전환이 돼서 나밖에 모르는 그런 의식을 고쳐야 합니다.

기독교나 또는 불교나 유교나 그런 가르침은 모두가 다 하늘의 본성에 따르는, 우주의 본성에 따르는 법입니다. 그런 본성은 방금 말씀드린 바와 같이 모든 중생이 다 더불어서 하나의 생명입니다.

이렇게 아시고 부처님을 믿으시는 것이 우선 집안에 재수가 좋고, 운수가 좋은 그런 것보다 더 깊고 넓게, 근본적으로 해결이 되는 것입니다. 보통 우리가 생각할 때는 근본만 믿으면 그것은 철학적으로는 좋을지 모르겠지만 우리 인간이 보통 빌고 있는 복에는 관계가 없지 않은가?

이렇게 생각하지 마십시오. 세간적인 복도 근본을 믿고 복을 빌어야지 근본을 모르고 그냥 현상적인 문제를 가지고 있으면 복에게 오라 해도 복이 올 수가 없습니다.

왜냐하면 우리가 잘살고 못살고, 잘되고 못되는 것은 우리가 다 지어서 받는 것인데 자기 병과 업장이 녹아나야지, 업장이 녹아나지 않고서 그냥 복이 올 수가 없습니다.

업장이 녹아나기 위해서는 우리 인간성이 바뀌어야 합니다. 인간성이 바뀌어 이기적인 자기가 정말로 공견된 생명 자체인 자리로 전환이 돼야 합니다.

오늘 상량식은 대단히 의의가 깊은 것입니다. 우리 불자님들의 그런 동참으로 이루어졌습니다.

앞서 말씀드린 바와 같이 이 회장님이 독판 시주를 하셨고 또 관가

에서 그 고생고생 하시고 많이 도와주시고, 또 우리 불자님들이 정성
껏 태안사를 도와주시고 또 시주도 하시고 이런 공덕이 쌓이고 모여
서 대웅전 불사가 이루어지는 것입니다.

무엇이 많고 적은 것이 문제가 아닙니다. 설사 기왓장 하나였다 하
더라도 정성이 사무치면 이것은 높은 것이고 설사 많은 시주금을 냈
다 하더라도 정성 없이 하면 그때는 그것은 별로 공덕이 없습니다.

따라서 다 같이 동참을 해서 우리 법당이 이루어집니다. 법당이 이
루어진다는 것은 그냥 장엄한 집을 짓는 것만이 목적이 아닙니다.

앞서 말씀드린 바와 같이 불교의 철학, 불교의 종교 이것이 천지와
더불어서 둘이 아닌 도리, 우리 마음에는 석가모니같이, 예수같이 자
비도 지혜도 사랑도 다 갖추어 있습니다. 그런 도리를 알아서 자기
스스로가 석가모니같이, 예수같이, 공자같이 이렇게 되는 것이 법당
을 짓는 목적입니다.

앞으로 법당이 준공되면 자주 오셔서 같이 공부하셔서 꼭 금생에
성불하셔서 가장 위대한 행복을 성취하시기를 바랍니다. 가장 위대
한 행복은 진리와 더불어 있습니다. 진리로 한 걸음 나아가면 우리
행복도 한 걸음 나아갑니다.

참다운 행복은 꼭 그러는 것입니다. 가상적인 행복, 고식적인 행복
은 모르거니와 참다운 행복은 꼭 진리와 정비례합니다. 부처님의 가

르침, 예수의 가르침, 공자의 가르침, 앞으로는 틀림없이 하나가 되어야 합니다. 지금이 시대가 그런 추세에 있습니다.

그렇지 못하면 성자의 가르침도 아닌 것이고 결국 종교는 우리 인류를 위해서 아무 필요가 없습니다. 다 벽을 허물어뜨리고 꼭 본래 하나인 진리 그 자리로 돌아가야 합니다.

이것은 본래가 다 갖추고 있는 공덕입니다. 하나의 진리로 많은 성자들이 밝혀 놓은 것을 우리 중생들이 잘 모르고 구분하고 분할시킨 것입니다.

마땅히 이 동일률, 동일철학을 믿으십시오. 부처님은 바로 그러한 우주에 가득 차 있는 하나의 도리인 동시에 생명의 빛입니다.

남을 미워하면 그 즉시 우리 마음도 어두워집니다. 따라서 판단도 흐리고 자기 불행도 그냥 초래하는 것입니다. 남한테 자비를 베풀고 말도 바르게 하고 또는 남의 험담도 않고, 욕심도 덜 부리고 할 때는 우리 마음도 맑아집니다. 그러면 우리의 몸은 마음의 반영인지라 우리 몸도 훨씬 더 좋아집니다.

우리 병도 보통은 나쁜 마음들이 쌓이고 쌓여서 병이 됩니다. 마음과 몸은 절대로 둘이 아닙니다. 따라서 정말로 우리의 마음가짐을 바로 하면 마음도 평안하고 우리 몸도 편하고 또 그것이 동시에 우리 사회를 정화시키는 것입니다.

오늘 이 축복된 태안사 대웅전 상량식의 날을 기해서 우리 불자님들께서 꼭 진리를 마음에 듬뿍 담아가셔서 우리 마음을 흐리게 하고 우리 몸을 어둡게 하는 그런 진리에 배반된 것은 절대로 하지 마시고 지금 돌아가시면서부터라도 꼭 바른 생각, 바른 말, 바른 행동으로 최상의 행복을 누리시기를 간절히 빌어 마지않습니다.

대단히 감사합니다.

나무석가모니불(南無釋迦牟尼佛)! 나무마하반야바라밀(南無摩訶般若波羅蜜)!

四. 우주는 하나의 생명체

근본생명 자체는 우리 인간의 몸속의 신장에나 또는 뇌 속에만 있는 것은 절대로 아닙니다. 우리 몸 전체에 생명이 가득 넘쳐흐르고 있습니다. 산이나 냇물이나 걸불이나 흙이나 모두 다 생명이 충만해 있습니다.

방생법회는 바로 생명해방 법회입니다. 생명이라 하는 것을 쉽게 생각하면 우리 마음이 생명이 아닌가? 분명히 우리 마음이 생명입니다.

그러나 중생이 생각하듯 우리 마음만 생명인 것은 아닙니다. 다른 동물도 똑같이 생명입니다. 또한 식물도 똑같은 생명입니다. 그 외에 무생물도 역시 생명인 것입니다.

다만 우리 중생들은 현상적인 상만 보기 때문에 그런 것만 생명이 있고 다른 것은 없다, 이러는 것이지 생명의 본모습, 생명의 실상을 볼 수 있는 맑은 안목에서는 우리 사람의 마음뿐만 아니라 다른 동물이나 식물이나 무생물이나 두두물물(頭頭物物) 모두가 다 생명입니다.

그런데 우리 중생들은 우주의 인과의 법칙을 따라서 무슨 상(모양)이 생기면, 즉 사람의 몸 같은 모양, 나무 같은 모양, 해 같은 모양, 달 같은 모양, 그런 모양이 생기면 그 모양만 실상, 실재하는 것이고 다른 것은 없다고 생각을 합니다.

우리 인간도 한 번 생각해 보십시다. 인간이라 하면 남자같이 생기고 또는 여자같이 생기고, 잘나고 못나고 하는 그런 현상적인 상만 사실로 생각을 합니다.

그러나 성자의 밝은 지혜로 볼 때는 사실 그런 상이 허망한 것입니다. 그런 상은 본래 있지도 않은 것입니다. 그런 것을 우리 중생이 번뇌에 가려져 없는 것을 있다고 봅니다.

부처님 말씀으로 하면 정유리무(情有理無)라. 우리 중생의 망상 혹은 번뇌로 해서 있다고 보는 것이지 참말로 성자의 청정한 안목에서 본다고 생각할 때는 이 사람이라는 상(相), 남자라는 상, 여자라는 상 또는 나무라는 상, 현상적인 어떠한 것이나 사실 허망하고 무상한 것입니다. 고유한 것은 절대로 없습니다.

그렇기에 여러분들이 대체로 아시는 색즉공(色卽空) 아니겠습니까?

색즉공이라 하는 우리 불교의 하나의 대강령(大綱領)입니다. 부처님 가르침의 핵심을 모른다고 생각할 때에는 불법을 모르는 것입니다.

부처님 지혜는 그냥 그렁저렁한 현상적인 지혜가 아니라 실상지혜(實相智慧)라, 실상지혜는 바로 반야지혜(般若智慧)입니다.

반야지혜가 부처님 지혜인 것이고 반야지혜로 봐야 바로 보이는 것입니다. 우리 중생은 반야지혜로 보지 못하고서 상대 유한적인 인간의 업장으로 봅니다. 따라서 우리 생명은 그 업장에 구속되어 있습니다.

생명해방(生命解放)

불자님들, 우리는 이와 같이 방생불사를 한다, 방생법회를 한다, 하여 미꾸라지 몇 마리, 잉어 몇 마리를 놓아주는 것이 불사다, 이렇게만 생각하지 마십시오.

어류들을 방생하는 일은 하나의 방편적인 인연에 불과한 것입니다. 가장 중요한 것은 물론 어류도 방생하면서 우리 또한 생명해방(生命解放)을 하는 생명존중의 법회라는 것입니다.

우리 생명은 성자를 제외하고 모두가 지금 구속되어 있습니다. 새장에 갇힌 새와 같이, 우리에 갇힌 그런 짐승같이 우리 중생들은 지금 갇혀 있습니다.

갇혀 있는 그 사실마저 모르는 것이 우리 중생입니다. 탐욕심의 노예가 되고 분노하는 그 마음의 노예가 되고 또 어리석어서 이것이나 저것이나 바로 못 봅니다.

본래 미운 것도 없고 또는 사랑할 것도 없는 것인데 우리 중생들이 바로 못 보고서 좋다, 궂다, 시비(是非)하고 분별하는 것입니다.

우리 생명은 그러면 어떻게 생겼는가? 이 생명은 어떻게 생긴 것이 아닙니다.

생명은 본래 모양도 없고 이름도 없습니다. 우리 마음이 무슨 모양이 있습니까. 자취가 없습니다. 사람의 생명도 자취가 없고 개나 소나 돼지나 그러한 다른 동물의 생명도 자취가 없습니다. 나무나 풀이나 그런 생명도 자취가 없습니다.

나무 같은 상, 풀 같은 상만 우리 중생의 제한된 안목에서 보이는 것이지 그러한 나무나 풀도 역시 생명 자체는 조금도 자취가 없습니다. 하늘에 있는 달이나 해나 별이나 이러한 것도 역시 생명의 본모습은 자취가 없습니다.

따라서 자취가 없는 것은 사실 우리 인간적인 관념으로 해서는 있다고 볼 수가 없습니다. 물질로 해서는 사실은 없는 것입니다.

그러나 근본생명 자체는 우리 인간의 몸속의 신장에나 또는 뇌 속에만 있는 것은 절대로 아닙니다. 우리 몸 전체에 생명이 가득 넘쳐 흐르고 있습니다. 뿐만 아니라 산이나 냇물이나 강물이나 흙이나 모두가 다 생명이 충만해 있습니다. 이 공간도 마찬가지입니다.

따라서 생명이라 하는 우주의 실상, 그 생명은 바로 우주에 끝도 갓도 없이 충만해 있습니다. 무량무변하게 충만해 있습니다. 따라서 우주라는 것은 사실 생명뿐인 것입니다.

그리고 그 생명은 모양이 있고 없고 하는 물질이 아닌 바로 생명이기 때문에 내 생명, 네 생명이 절대로 둘이 아닙니다. 김 아무개한테 있는 생명이나 박 아무개한테 있는 생명이나 똑같은 생명입니다.

그러나 우리 중생들은 그러한 본 생명의 실상, 본모습을 모르기 때문에, 본 성질을 모르기 때문에 내 생명 다르고 네 생명 다르다, 이렇게 생각합니다. 이런 데서 우리가 업을 짓습니다. 부처님 가르침은 그러기에 무아(無我)라, 내가 없다는 말입니다.

우리 불자님들이 '내가 없다'는 소식을 모르면 부처님의 반야지혜를 모르시는 것입니다. 보리(菩提)를 모르시는 것입니다. 분명히 내가 없는 것입니다.

이렇게 엄연히 소중한 내 몸뚱이가 존재하는데 왜 나보고 없다고 하는 것인가? 인연을 따라서 잠시 거품 같은 모양을 낸 것입니다. 그림자가 진짜 존재하는 것이 아니듯 잠시 그림자같이 모양을 낸 것이 이 몸뚱이입니다.

내 몸뿐만 아니라 삼천대천세계, 두두물물이 모두가 다 그림자같이 또는 물속에 비친 달같이 그런 가짜의 상만 지금 내고 있는 것입니다.

따라서 금강경(金剛經)이나 다른 경전에도 우리 범부는 상에 걸려서 상만 있다고 생각하는 것이고 성자는 모든 상, 이것은 그림자 같은 상이기 때문에 본래는 없고 생명만 존재한다, 이렇게 보는 것입니다.

네 생명, 내 생명 둘이 아니고 나무나 또는 다른 식물이나 자연계나 모두가 다 공기나 물이나 같은 생명입니다. 자연계나 모두가 다 공기나 물이나 같은 생명입니다.

우리 중생들은 그것을 모르니까 나무도 함부로 하고 풀도 함부로 하고 흙도 함부로 하고 토양도 오염시키고 물도 오염시키고 공기도 오염시킵니다.

그러나 생명의 실상을 안다면 물도 나와 둘이 아니고 또는 흙도 나와 둘이 아니고 따라서 물도 오염시킬 수가 없고 그 토양도 우리가 함부로 오염을 시킬 수가 없습니다. 공기도 또한 생명입니다. 따라서 공기도 오염을 시킬 수가 없습니다.

따라서 생명을 해방시킨다는 것은 우선은 인간존재, 인연 따라서 이루어진 나라고 우리가 고집하는 인간존재의 그러한 구속을 해방시켜야 합니다.

앞서 말씀드린 바와 같이 나라는 것이 어쩌다가 인연을 따라서 이와 같이 모양이 된 것인데 우리 중생들이 근본 생명의 성품을 보지 못하니까 이 모양, 이것이 내 것이다, 이런단 말입니다.

제 아무리 살찌게 하고, 잘 먹이고, 옷을 잘 입히고, 팔에 순금팔찌를 차고, 귀걸이를 달고, 뭣을 한다 하더라도 모양이 더 좋아지는 것은 아닙니다.

우리 불자님들, 깊이 생각하십시오. 우리 부처님 믿는 분들은 이것은 우리 생명을 해방시키는 작업, 해방시키는 공부가 가장 핵심적인 공부입니다. 개나 소나 돼지나 그러한 삼악도에 떨어진 중생들은 자기 생명을 해방시킬 줄을 모릅니다.

그러나 다행히 과거 전생에 다섯 가지 계행 정도는 지켜서 우리는 인간으로 태어났습니다. 의식 활동을 하는 우리 인간은 스스로 판단도 할 줄 알고 스스로 반성을 할 줄 압니다.

따라서 우리 인간이나 인간 이상의 천상이나 그런 생명의 존재만이 생명을 해방시킬 수가 있습니다. 우리 인간이 다시 인간으로 태어나는 것이 쉽지가 않은 것입니다.

정말로 백천만겁난조우(百千萬劫難遭遇)라. 무수 만생 동안 돌고 돌다가 지옥으로, 아귀로, 축생으로 돌고 돌다가 어쩌다가 다행히 인간으로 태어났습니다.

생명은 무한한 가능성

우리가 인간으로 태어나서 할 일이 무엇인가? 자기 몸을 꾸미는 것도 아니고, 돈을 많이 버는 것도 아니고 또는 높은 감투를 쓰는 것도 아니고 오직 인간의 목적은 우리 생명을 해방시키는 것입니다.

해방시키지 못하면 어떻게 되는가?

해방시키지 못하면 인과필연(因果必然)으로 금생에 자기 몸도 아프고 또는 남과 화합도 못하고 이른바 개인적인 이기심 때문에 서로 불화하고 서로 갈등하고 반목하고 서로 싸우고 국제간에도 전쟁이 일어나곤 합니다. 이런 것이 모두가 다 생명의 실상을 몰라서 그러는 것입니다.

앞서 말씀드린 바와 같이 우주가 오직 하나의 생명입니다. 일미 평등한 평등 무차별의 하나의 생명입니다.

그 생명은 물질이 아닙니다. 모양이 있는 것도 아니고 시간이 있는 것도 아니고 공간도 없습니다. 공간성이 없거나 어떠한 모양이 없거나 또 모양이 변하는 시간도 없습니다. 따라서 공입니다. 그래서 공인 것입니다.

왜 공이냐면 인연을 따라서 잠시 그림자 같은 상을 내므로 그런 상은 원래 물질이 아니란 말입니다. 물질이 아니기 때문에 공간성이 없습니다. 공간성이 없기 때문에, 시간이라 하는 것은 물질이 있어서 물질이 변화하는 데서 과거다, 현재다, 미래다 나뉘지만 모양이 없으면 공간성도 없고 시간성도 없습니다. 따라서 공일 수밖에 없습니다.

제법이 공이라, 만법이 공이라, 내 몸뚱이도 공이고 일체존재 모두가 공인 것을 우리 중생이 상에 집착해서 근본성품을 모르기 때문에 있다고 하는 것입니다.

우리 중생의 병 가운데 가장 무거운 병이 무엇인가? 가장 핵심적인 근본 병이 무엇인가? 이것은 있다는 병입니다. 유루병이라, 있다는 병입니다.

금강경, 반야심경 도리는 모두가 다 있다는 병을 때려 부수는 것입니다. 나라고 할 것도 없고 너라고 할 것도 없고 또 내 생명이 짧다, 길다 할 것도 없고 또는 중생이 있다고 할 것도 없습니다.

우리 불자님들은 오늘은 방생을 해서 개인적으로 복을 좀 받아야 하겠다, 이렇게 오신 분도 계실 것입니다. 그러나 그런 복은 창해일속(滄海一粟)이라, 때묻지 않는 참다운 복에 비해서는 복이라 할 것도 없습니다.

근본적인 상을 없애는 참말로 참다운 생명해방의 복을 지으면 다른 것은 저절로 다 들어옵니다. 영생해탈(永生解脫)의 죽지 않고 낳지 않고 생명 자체, 생명의 본질을 파악한다면 다른 것은 거기에 다 따라오는 것입니다.

　　그렇기 때문에 부처님 법은 어느 때나 약능요심(若能了心)하면 만법구비(萬法具備)라, 만약 그대가 마음을 깨달아 버리면 만법이 다 갖추어 있다, 이렇게 간단명료한 법문입니다.

　　오늘 이 청명한 가을 날씨입니다. 방생하는 법회도 소중하지만 우리 사부대중, 그 환희(歡喜)에 넘치는 불자님들을 만난 공덕도 굉장히 큽니다.

　　우리가 인간으로 태어남도 정말로 소중한 것입니다. 맹구우목(盲龜遇木)이라, 눈먼 거북이가 망망대해(茫茫大海)에서 나무토막을 만나서 그 구멍으로 하늘을 보는 일 만큼이나 사람으로 태어나기가 어려운 것입니다.

　　어렵게 사람으로 태어났습니다. 사람으로 태어나서 할 것은 무엇인가 하면 앞서도 말씀드린 바와 같이 생명의 본질, 생명의 본바탕을 보는 것입니다. 생명이라 하는 것은 우리 마음입니다. 마음이요, 중생이요, 부처요, 모두가 생명입니다.

　　심불급중생(心佛及衆生) 시삼무차별(是三無差別)이라, 우리 마음이나 중생이나 또는 부처나 모두가 다 하나의 생명입니다. 하나의 생명은 무슨 원리나 또는 가치나 그런 것에 머물지 않고 하나의 인격이기 때문에 부처님이라고 합니다.

따라서 천지우주가 오직 동일한 생명이므로 나도 부처님이고 너도 부처님이고 또 개도 소도 돼지도 부처님입니다.

우리 불자님들이 아셔야 할 것은 이것이나 저것이나 미운 사람이나 고운 사람이나, 설사 어쩌다가 자기 동생을 죽였다, 자기 친구를 죽였다, 그 나쁜 놈도 역시 겉만, 상만 나쁜 것이지 본성품은 똑같은 부처님입니다.

이렇게 알아야 참다운 불자인 것입니다. 이렇게 아는 것이 우리 공덕 가운데에 최상의 공덕인 것입니다.

이렇게 알아야 어버이 노릇도 가장 잘하는 것입니다. 자기 딸이나 자기 아들도 부처님같이 생각하는 이런 마음을 가져야 가장 모범적이고 부처님 법에 따르는 참다운 부모입니다. 자기가 스승이 되어서 학생들을 가르칠 때도 학생들을 부처님같이 보는 스승이라야 참다운 스승입니다.

불자님들, 우리 생명, 우리 마음은 모든 것이 다 갖춰져 있는 자리입니다. 우리 생명은 그렁저렁한 자리가 아니라, 앞서도 말씀드린 바와 같이 낳지 않고 죽지 않아서 영생불멸하고, 항시 청정하고, 끝도 갓도 없이 우주에 가득 차 있습니다.

또 그 가운데는 자비나 지혜나 일체공덕이 다 들어 있습니다. 행복도 다 들어 있습니다.

따라서 우리 생명 자체에 행복이 들어 있으므로 다른 방면으로 행복을 구해도 행복이 있지가 않습니다. 물질로 구하고 남녀 이성으로 구하고 또는 먹을 것으로 구하고 또 금이나 은이나 그런 폐물로 구해도 그런 것에는 행복이 들어 있지 않습니다.

모양이 없는 우리 마음한테만 행복이 들어 있습니다. 따라서 우리 마음을 참답게 깨달아버려야 참다운 행복을 얻을 수가 있습니다.

우리 중생의 허물이 무엇인가 하면 앞서도 말씀드린 바와 같이 모양은 가짜인데, 모양은 허망한 것인데 허망한 것을 구하다가 우리 소중한 인생이 다 판나 버립니다.

좋은 집에 살면 얼마나 오래 살겠습니까? 우리 스님네 가운데는 불사한다고 해서 큰 절을 짓고 해 놓으면 꼭 자기가 그 곳에서 평생 살려고 맘먹은 사람도 있습니다.

그러나 조그마한 오두막집에 있으나 어디에 있으나 마찬가지입니다. 큰 집에 살면 사실 그만큼 공부에는 손해입니다. 부자면 부자가 된 만큼 손해입니다. 감투가 높으면 높은 만큼 손해입니다.

중생의 망상 가운데서 우리가 주의할 것은 다른 망상도 많이 있지만 사부견(士夫見)이라, 오늘 불자님들 사부견이라 하는 법문을 꼭 외우십시오. 선비 사(士), 지아비 부(夫), 사부견은 무엇인가 하면 자기가 무슨 일을 했으면 자기 능력으로 했다고 생각하는 것을 말합니다.

그러나 사실은 자기의 고유한 능력은 있지도 않은 것입니다. 자기 몸뚱이도 고유한 자기가 아닌데, 자기가 똑똑해서 자기가 무슨 기술이 있어서 자기가 뭘 많이 배워서 자기 능력으로 했다고 생각합니다.

그러나 사실 그것은 잘못 본 것입니다. 인연이 합해서 인연으로 이루어진 것이지 어느 개인의 개별적인 자기 능력으로 이루어지지 않았습니다.

가령 하나의 집을 지었다고 합시다. 여러 가지 만유의 일체공덕(一切功德)이 거기에 다 들어 있습니다.

목수의 공(功), 산에 가서 나무를 벌채한 사람의 공, 운반한 사람의 공, 거기에 그 비용을 들인 사람의 공, 공양을 뒷바라지 해준 분의 공, 이래저래 그런 공들을 빼버리면 그때는 누가 혼자 했다고 하겠습니까?

따라서 인연이 합해서 무엇이 이루어진 것이지 어느 한 사람이 똑똑해서 이루어진 것은 절대로 아닙니다.

물론 주관자는 있습니다. 따라서 대통령이 되어서 무슨 공덕이 좀 있다 하더라도 자기가 잘했다고 뽐낼 것도 아닙니다. 장관도 마찬가지입니다.

인연이 합해지면, 인연이 가합되면 잠시 무엇이 이루어지고 인연이 화합이 안 되면 이루어지지 않는 것입니다. 그뿐인 것입니다.

생명 자체는 영생한다

금생에 우리가 태어난 것도 그것입니다. 인연 따라서 태어났다가 인연이 다 하면 갈 뿐입니다. 슬퍼할 것도, 좋아할 것도 없습니다. 인연 따라서 태어나서 인연 따라서 갑니다. 인연을 따라서 가더라도 생명 자체에는 조금도 훼손이 없습니다. 허망한 몸뚱이 실상이 아닌 그림자 같은 몸뚱이만 조금 안 보이는 것이지 생명 자체는 조금도 흠축이 없습니다. 흠절이 없습니다.

우리 생명 자체는 앞서도 말씀드린 바와 같이 모두를 다 갖추고 있습니다. 행복도 갖추고 있고 지혜도 갖추고 있고 또는 기쁨도 갖추고 있고 다 갖추고 있습니다.

따라서 우리가 밖에서 구하는 것은 허망한 일이고 공연히 생명만 피로하고 생명만 낭비하는 것입니다. 우리 불자님들 40살이면 벌써 한 세상의 절반 이상을 살았습니다. 50살이면 몇 년 남았겠습니까?

이렇게 짧은 세상인데 절대로 생명을 낭비하지 마십시오.

겉만 보고, 물질은 허망한 것인데 물질만 보고, 물질이 허망한 것이므로 감투도 허망하고 모두가 다 허망합니다. 자기 몸뚱이도 허망한 것인데 그런 것에 소중한 생명을 낭비하는 것은 큰 손실입니다.

오늘 영가천도(靈駕薦度)를 받는 영가들이시여! 건명곤명 동남동녀 각 영가들이시여! 부처님의 법은 상을 여의고서 참다운 실상으로 가는 가르침입니다. 영가, 당신들이 과거 전생에 업을 지어서 사람으로 있다가 지금 저승에 가서 헤매고 있습니다.

저승길을 떠나기 위해서는 또 역시 허망한 상을, 나라는 상, 너라는 상, 중생이라는 상, 또는 생명이 짧다 길다 하는 그런 상, 이런 상들을 다 떠나야 합니다. 모든 상을 다 떠나야 영가들이시여, 극락세계에 왕생하시는 것입니다. 극락세계에 왕생 못하는 것은 공연히 상에 집착해서 상에 걸려서 못하는 것입니다.

생명 자체는 허공같이 걸림이 없는 것이고 바람같이 걸림이 없습니다. 그런 것이 생명인데 우리가 잘 몰라서 모양에 집착하기 때문에 그 모양 때문에 극락세계에 못 가는 것입니다.

상을 여의지 못하면 극락에 못 가는 것이고 상을 털어버리면 그냥 이 자리가 바로 극락인 것입니다.

영가들이시여, 조금도 유명계(幽冥界), 어두운 세계에서 헤매지 마시고 극락세계에 단번에 왕생하시기 바랍니다. 저 위도(蝟島) 해난 사고 때 희생당하신 영가들이시여, 영가들은 절대로 어느 누구도 원망하지 마십시오.

잘 모르는 사람들은 인재다, 사람의 잘못이다, 천재다 또는 자연의 잘못이다 또는 그 사람들 잘못이다, 이렇게 구구하게 말을 합니다.

그러나 이것은 어느 것만도 아닙니다. 이것도 역시 인연생으로 왔다가 인연생으로 가신 것입니다. 물에 가서 죽든 비행기 사고로 죽든 어디서 죽든 모두가 다 인연 따라서 인연이 다해서 가신 것입니다.

천재도, 인재도, 그대들 잘못도 거기에 다 들어 있습니다. 인연 따라서 왔다가 인연 따라서 갑니다. 어느 누구도 원망해서는 안 됩니다. 원망하면 갈 곳을 못 갑니다.

나라는 상, 너라는 상이 본래 없거니 어디에 누구를 원망하겠습니까. 영가들이시여, 헤매지 말고 오늘 이 법회의 천혼공덕(遷魂功德)으로 해서 부디 극락세계에 왕생하소서.

오늘 방생을 당하는 고기들이시여! 그대들은 과거 전생에 탐욕스러운 업을 많이 지었습니다. 또는 어리석은 업을 많이 지었습니다. 어쩌다가 물고기가 됐습니다. 모두가 다 상에 집착하기 때문에 업을 짓는 것입니다.

상이라 하는 것은 인연생이기 때문에 본래 없습니다. 그림자 같고,

꿈과 같고 또는 바람 같아서 그런 것은 모양이 없습니다. 중생이 모양 때문에 업을 짓습니다. 모양이 자기한테 좋으면 탐심을 내고 자기한테 싫을 때는 진심을 냅니다.

그런 모양에 집착하지 마시고 오늘 해방당하면 고기로 해서 환희심을 내고 인연을 따라서 살다가 고기란 생명이 끝나면 그때는 다시는 상을 내지 말고 부디 극락세계로 왕생하십시오.

나무석가모니불(南無釋迦牟尼佛)!
나무마하반야바라밀(南無摩訶般若波羅蜜)!

부처님 명호(名號)라 하는 것은 명체불이(名體不二)라, 그 이름과 공덕이 둘이 아니라는 말입니다. 부처님 명호는 이름과 그 본체, 근본정신이 둘이 아니기 때문에 이름만 불러도 부처님의 무한의 공덕이 거기에 묻어서 나오는 것입니다.

그렇기 때문에 '나무아미타불'을 한번 외우면 외우는 만큼 우리 업장(業障)은 녹아지고 우리 마음은 더욱더 맑아지고 밝아지는 것입니다. 그러나 그런 정도는 단순한 주문이고 단순한 염불은 돼도 참선은 못됩니다.

왜냐하면 참선이라고 하는 것은 우리가 먼저 선행적으로 우리 마음이 헤아림 없이 이것이나 저것이나 모두가 다 부처 아님이 없다. 천지우주를 오직 부처님이라는 하나의 생명으로 딱 결정(結晶)을 시켜버려야, 그래야 참선이 되는 것입니다.

2

五. 靈駕薦度法門　영가천도법문

六. 일체존재는 한 생명체

七. 無我　무아

五. 영가천도법문(靈駕薦度法門)

부처님의 가르침을 잘 닦아서 수승(殊勝)하시어 홀홀히 극락세계로 가신 영혼들 또는 극락세계에는 미처 못 가셨다고 하더라도 천상(天上)에 머무는 영혼들이 되셔야 합니다.

　　　　　　　오늘 이 법회에 참여하신 우리 불자님들은 지극한 불심(佛心)으로 특히 금륜회(金輪會)를 위하여 지성(至誠)으로 동조하는 훌륭한 법우(法友)들이시라고 생각됩니다.

사실 금륜이란 자체가 바로 법륜(法輪)입니다. 금륜도 쇠 금(金), 바퀴 륜(輪)입니다만, 법륜도 법 법(法), 바퀴 륜(輪), 법륜입니다. 이것은 바로 우주(宇宙)의 대법(大法)이란 뜻입니다.

부처님 법은 바로 우주의 법입니다. 따라서 우주의 대법칙(大法則)이라는 뜻이 금륜, 법륜이라는 말 속에 다 포함되어 있습니다.

금륜회는 애초에 그 정관(定款)에도 있는 바와 같이 세간적(世間的)이고 여러 가지 세습적(世襲的)인 것들을 다 제거하고서 오직 부처님 법문(法門)의 정수(精髓)만 믿고 나아가기로 한 취지(趣旨)에서 금륜회가 발족되었다고 생각됩니다.

우리 한국 불교계(佛敎界)에서 신도단체(信徒團體)로 해서는 가장 순수하고 가장 열성적(熱誠的)이고 가장 정당(正當)하다고 정평(定評)이 나 있는 정도입니다.

그런데 오늘은 법회도 보통 법회가 아니라 특이한 영가천도법회(靈駕薦度法會)입니다. 영가천도에 관하여 다소 이해가 부족한 분들도 우리 불자님 가운데에는 있습니다. 특히 젊은 세대는 그러한 경향이 많이 있습니다.

불교를 믿는 분들 가운데는 불교라 하는 것은 계정혜(戒定慧)의 삼학(三學)이라, 계를 충실히 지키고, 참선염불(參禪念佛)하여서 마음을 통일하고, 지혜(智慧)를 닦아서 성불(成佛)하면 되는 것이지 무슨 필요에서 눈에 보이지도 않는 영가(靈駕)를 천도(薦度)하는 것인가, 이렇게 생각하는 이들도 더러는 계십니다.

그러나 사실은 우리 마음이라고 하는 것이 우리 눈에 보이는 것이 아니지 않습니까. 우리 마음이 눈에는 안 보이지만 분명히 존재하는, 바로 생명(生命)이 실재(實在)하는 것입니다.

마음의 실재에 관하여 대체로 아시는 바와 같이 유사이래(有史以來)로 두 가지의 사상적(思想的)인 흐름이 있어 왔습니다.

그것은 첫째로는 모든 것이 물질(物質)뿐이라고 하는 유물론(唯物論)이고, 그 둘째는 물질이라는 것도 사람이 이것을 물질이라고 판단(判斷)하고 규정(規定)하는 것이므로 우리 마음이 먼저 존재하며 모든 것은 우리 마음이 유추(類推)함으로 인하여 있는 것이고, 유추하지 않으면 없는 것으로 보는 유심론(唯心論)이 그것입니다.

유물론과 유심론은 유사 이래 우리 인간세상에서 두 갈래로 유포(流布)된 사상의 큰 흐름입니다. 유물인가 유심인가, 이것 때문에 여러 가지로 분요(紛擾)도 많이 일으키고 투쟁(鬪爭)도 많이 하고 전쟁(戰爭)이 많이 일어나기도 했습니다.

그래서 어떤 이들은 유심(唯心)도 반 틈, 유물(唯物)도 반 틈, 마음도 반 틈, 몸도 반 틈, 이렇게 절충적으로 생각하는 사상도 내세웠던 것입니다. 만약 모든 것이 물질적인 것이라고 하는 유물론적인 견해에서 생각한다면 영가천도는 할 필요가 전혀 없습니다.

그러나 우리 부처님의 사상이나 기독교의 예수님 사상이나, 또는 유가(儒家)나 도가(道家)나 어떠한 가르침이건 간에 적어도 종교(宗敎)라 하면 모두가 다 유심 쪽에 속하여 있으며, 마음을 가장 중요시하는, 우주의 실상(實相)이라고 하는 그런 쪽에 사상의 근거를 두고 있는 것입니다.

따라서 영가천도가 필요 없다는 분들은 결국은 마음이 없다는 사상과 거의 일치하는 것입니다.

우리가 금생(今生)에 살 때에는 마음을 가지고 살지 않습니까. 몸은 단지 마음에 따라서 움직이는 도구에 불과하다는 말입니다. 몸은 한 번 죽어지면 응당 썩고 마는 것입니다.

화장(火葬)하면 그냥 재가 되고 파묻으면 썩고 분해되어 풍화작용(風化作用)되고 그렇게 흩어지고 마는 것인데 이때에 우리 마음이 정말로 없어지는 것인가? 정말로 없어진다고 생각하면 얼마나 허무하겠습니까?

누구도 자기가 죽은 다음에는 자기의 마음이 모두 없어진다고 생각하는 분은 안 계실 것입니다. 그렇다면 꼭 어떤 형태로든지 간에 살아 있을 것이 아닌가?

부처님 가르침의 여러 가지 대요(大要) 가운데 과거(過去)나 현재(現在)나 미래(未來)를 부정하는 것은 부처님의 가르침에 합당하지 못합니다.

삼세인과(三世因果)라, 과거전생(過去前生)에도 살았고 금생(今生)에도 살고 내세(來世)에도 살 것이라는 것과 또한 그뿐 아니라 과거전생에서 더 올라가서 전전생(前前生) 또 전전생생(前前生生), 과거에 소급하여 올라가서 끝도 갓도 없는, 처음이 없는 그런 영겁(永劫)의 과거로부터, 무시이래(無始以來)로부터 불교의 말씀으로 해서 우리의 생명이 흘러나오는 것입니다.

마찬가지로 우리가 죽은 뒤에도 우리 생명이 한생만 존재하는 것이 아니므로 내생(來生)도 미래에 영원히 존재하는 것입니다. 이렇게 믿지 않으면 그것은 부처님의 가르침이 못됩니다.

우리 인간의 심리(心理)만을 본다고 하더라도 금생만이 아니라 분명히 과거 전생에도 있었을 것이고 또한 미래생(未來生)에도 있을 것임을 우리가 생각한다면 영가(靈駕)라 하는 것도 분명히 존재할 수밖에는 없습니다.

영가라 하는 것은 우리가 죽어서, 인간존재(人間存在)가 죽어서 몸뚱이는 버리고 간다고 하더라도 심령자체(心靈自體), 즉 우리의 의식자체(意識自體)는 남아 있다는 말입니다. 눈에 보이는 세계만을 긍정하고 눈에 보이지 않는 세계를 믿지 않으려는 분들도 이런 점에 대하여 다시 생각해 보시기 바랍니다.

그러나 또한 주의할 것은 눈에 보이지 않는 그런 영혼들에만 너무나 치중하여서 현실의 생활을 무시해버리는 일도 있단 말입니다. 그러면 그것도 또한 부처님의 가르침에 합당한 것이 되지 못합니다.

부처님의 가르침은 현실(現實)도 중요하고 내생(來生)도 중요하고 따라서 영혼도 중요한 것이고 이처럼 모든 문제에 있어서 중도(中道)의 인정이 필요한 것입니다.

우리 인간의 현상적인 현실생활도 역시 정(正)하게 수행하여 닦아 나아가는 것이고, 또한 동시에 이미 돌아가신 분들의 영혼도 역시 헤매고 있을 수 있으니 이들을 모두 정화(淨化)시켜서 참다운 우리 인생과 모든 존재의 근본 고향인 극락세계(極樂世界)로 인도하는 것은 부처님의 가르침인 동시에 우주만유(宇宙萬有) 하나의 큰 법칙(法則)인 것입니다.

오늘은 인연을 따라서 모이신 우리 불자님들이 모두 합심동체(合心同體)가 되셔서 영가천도를 모시는 아주 의의(意義) 깊은 법회(法會)입니다.

그렇기 때문에 거부감(拒否感) 같은 것은 조금도 느끼지 마시고, 또한 주최(主催)하시는 분들도 너무나 지나치게 영가 쪽에 관심을 두시지 마시고 현실과 영가의 양편에 치우침이 없는 중정(中正), 중도적 입장에서 생각하시면서 오늘 천도를 마치도록 하십시다.

⁂

영가(靈駕)나 우리 인간이나 똑같이 갈 곳은 한 곳입니다. 극락세계라고 하는 해탈(解脫)된 그런 영생불멸(永生不滅)한 경계(境界)에 가는 것은 영가도 그렇고 우리 살아 있는 사람들도 마찬가지입니다.

우리 사람들도 금생에 성불을 하기는 어렵지 않겠습니까. 그와 똑같이 영가들도 몸뚱이를 버렸다고 하더라도 몸뚱이에 대한 애착은 못 떠나는 것입니다.

오늘 천도를 받는 영가들이시여! 자세히 듣고 깊이 생각하십시오. 비록 인연이 다하여 몸은 떠났다고 하더라도 영혼은, 범부(凡夫)의 영혼(靈魂)들은 아직 우리 주변에 머물러 있는 것입니다. 이것을 불교의 전문적인 용어로 해서 땅 지(地), 묶을 박(縛), 지박(地縛)의 영(靈)이라 합니다.

땅 지(地), 땅이라는 뜻은 불교적인 의미에 있어서는 하나의 질료(質料)인 물질(物質)을 의미합니다. 따라서 물질에 얽매여 있는, 물질에 구속되어서 헤어나지 못하는 영혼이 지박의 영입니다. 성자(聖者)의 영혼이 미처 못 될 때에는 모두가 다 지박의 영입니다.

우리 사람도 몸뚱이라는 물질에 지금 얽매어 있지 않습니까. 그리고 또한 의식(意識) 자체가 다 물질 생활에 얽매어 있단 말입니다. 그러므로 이것도 역시 똑같은 지박의 영입니다.

영가들이시여! 영가들도 지금 대체로 부처님의 가르침을 잘 닦아서 수승(秀勝)하시어 홀홀히 극락세계로 가신 영혼들 또는 극락세계에는 미처 못 가셨다고 하더라도 천상(天上)에 머무는 영혼들, 이런 영혼들 이외에는 모두가 다 물질에 묶여 있는, 땅 기운에 묶여 있는 것입니다.

우리가 사는 공간도 실은 물질입니다. 공간(空間)도 산소(酸素), 수소(水素), 탄소(炭素), 질소(窒素), 이런 각 원소가 차 있는 이런 공간도 사실은 물질입니다.

공간도 저 위로 올라가서 성층권(成層圈), 자기권(磁氣圈), 위로 올라가서 공기가 아무것도 없는 그런 세계는 바로 천상(天上)의 세계입니다.

그러나 이 땅 기운에 묶여 있는, 물질에 묶여 있는 영가들이시여! 자세히 듣고 깊이 생각하십시오. 몸뚱이라 하는 것은 잠시 우리가 과거에 지은 우리의 행위(行爲)에 따라서, 과거에 어떻게 생각을 하였던가, 어떻게 말을 하였던가, 어떻게 행위를 하였던가, 그런 삼업(三業)이 때(垢)가 되어서 우리의 마음을 어둡게 만듭니다.

본래 우리 마음이라 하는 것은 내 마음 네 마음이 따로 있는 것이 아니고 바로 우주의 근본성품입니다. 오늘 불자님들이시여, 영가님들이시여! 깊이 생각하십시오.

우리 마음이라 하는 것은 우리 몸에 갇혀 있는 그 무엇이 아니라 바로 우주의 근본(根本), 순수(純粹)한 성품(性品)입니다. 우리의 마음이라 하는 것은 물질이 아닙니다. 물질이 아니기 때문에 형상(形象)도 없고 어느 한계(限界)가 없습니다.

마음이 물질 같으면 여기 가 있고 저기 가 있고 그렇게 하겠습니다만 마음은 물질이 아닌지라 그 마음이 내 몸뚱이에만 있고 다른 몸뚱이에는 없고 하는 것도 아닙니다.

어떠한 공간(空間)에도 마음은 역시 그대로 충만(充滿)하여 있습니다. 어느 세상에나 어느 처소(處所)에나 마음이라는 것은 충만하여 있는 것이므로 마음의 본성품은 낳지 않고 죽지 않고 더하지 않고 덜하지도 않습니다.

그러한 마음이 과거전생(過去前生)의 업(業)을 따라서 이와 같은 몸뚱이가 생기면 그 마음이 본래 마음을 훤히 잘 보지 못하기 때문에 '이 몸뚱이 이것이 나다' 라고 생각하는 것입니다.

부처님의 가르침은 가짜 '나' 를 떠나서 참다운 나를 깨닫는 것입니다. 우리 중생들은 어쩌다가 전생에 지은 자기 업을 따라서 이렇게 몸을 받으면 '몸뚱이 그것이 나다' 그럽니다.

우리 번뇌(煩惱)의 시초는 거기에서 옵니다. 남을 좋아도 하고 물질에 욕망(慾望)을 내고 이런 것도 모두가 다 이 몸뚱이 때문에, 이 몸뚱이에 '나다' 라는 관념이 생겨서 그런 것입니다.

그러나 성자(聖者)의 눈, 바로 깨달은 이의 눈에서 본다고 생각할 때에는 사실은 몸뚱이는 과거전생(過去前生)의 업장(業障)을 따라서 금생에 산소나 수소나 탄소나 각 원소(元素)를 긁어모아 이렇게 세포 (細胞)를 구성한 것뿐이지 참다운 '나' 가 아닙니다.

참다운 '나' 는 우리 마음이란 말입니다. 우리 마음은 여기에 가 있고 저기에 가 있고 그렇게 된 것이 아닙니다. 우리 중생이 잘못 보아서 내 마음은 내 몸뚱이 속에 갇혀 있다, 그대 마음은 그대 몸뚱이와 똑같다, 이렇게 생각하지만 본래 마음은 그렇지 않습니다.

옆 사람 마음이나 자기 마음이나 또 하나의 풀포기 마음이나 또는 다른 동물(動物)의 마음이나 모두 다 같은 물질이 아닌 하나의, 우주의 순수한 생명(生命)인 것입니다.

대승(大乘)과 소승(小乘)도 그런 데에 관계가 있습니다. 소승이라 하는 것은 대체로 이러한 현상적(現象的)인 문제에 걸려 있단 말입니다. 따라서 소승이라 하는 것은 현상적인 문제에 걸려 있기 때문에 참다운 성불(成佛)을 못 합니다. 참다운 해탈(解脫)을 못 합니다.

그러나 대승(大乘)이라 하는 것은 내 생명의 근본은 무엇인가, 우주의 근본성품(根本性品)은 무엇인가 하는 이 자리를 훤히 밝히고 있습니다.

우리 불자님들, 영가들이시여! 우리가 불행한 것은 이유가 다른 곳에 있지 않습니다. 우리가 근본적으로 '내가 무엇인가'를 확실히 모르기 때문입니다.

그런 무지(無知)와 무명(無明) 때문에 업(業)을 짓습니다. 그래서 자기도 불행하고 사회도 마찬가지입니다. 우리 가정에 불화(不和)가 생기는 것도 모두가 다 그 때문입니다.

영가들이시여, 깊이깊이 생각하십시오. 지금 헤매고 있는, 물질에 묶여 있는 지박(地縛)의 영(靈)인 당신들이 가야할 곳은 그 물질적인 구속(拘束)을 다 풀어버리고 한도 끝도 없는 영생불멸(永生不滅)한 극락세계(極樂世界)로 가시는 것입니다.

우리가 극락세계에 안 가고 버틸 수가 없습니다. 무명심(無明心)을 떠나지 못해서 사람들은 금생에 쓰고 있는 이 몸뚱이를 보고 자기(自己)라고 하는 것이고, 영혼(靈魂)들은 과거의 자기 몸뚱이, 지금은 어디엔가 묻혀 있거나 혹은 화장(火葬)하여 재가 되어버렸는데도 그것에 대한 미련(未練) 때문에 그것을 '내 몸뚱이' 라고 합니다. 그러나 그런 것은 실존적(實存的)으로는 절대로 있지 않습니다.

영가들이시여, 깊이 생각하십시오. 인연(因緣)을 따라서 잠시 각 원소를 긁어모아 이루어진 세포(細胞)들로 해서 이 몸뚱이가 되었습니다. 범부(凡夫)라 하는 것은 이 몸뚱이 보고 자기라고 하고 또는 망상(妄想)하는 자기의 마음을 보고 '자기' 라고 합니다.

그러나 우리 중생심(衆生心)이라 하는 것은 참다운 마음의 근본성품이 못 됩니다. 우리 중생심이라 하는 것은 이 몸뚱이를 보고 이것이 내 몸뚱이다, 자기 아내 몸뚱이를 보고 이것이 아내다, 아내는 내 소유다, 남편도 내 소유다, 이런 관념들을 갖지만 이것들이 모두가 다 중생심인 것입니다.

중생의 관념을 못 버리면 인생고해(人生苦海)를 떠나지 못합니다.

부처님의 가르침은 근본적(根本的)인 대요(大要)라, 모두가 다 인생고(人生苦)를 떠나서 참다운 해탈로 가는 길입니다.

그런데 인생고의 근본원인은 우리의 무명심 때문입니다. 자기 몸을 참다운 자기라고 하고 일체물질(一切物質)도 사실로 있다고 생각하기 때문입니다.

영가들이시여, 불자님들이시여! 반야바라밀(般若波羅蜜), 반야(般若)의 용선(龍船), 반야의 배를 타지 못하면 해탈(解脫)의 경계(境界)에는 못가는 것입니다.

영가천도하는 법문은 모두가 다 반야바라밀, 반야의 지혜(智慧)로 해서 더 이상 헤매지 말고 극락세계로 가라는 말입니다. 인생고해(人生苦海)를 건너가기 위해서는 반야용선, 반야바라밀의 배를 타야 하는 것입니다.

그러면 반야바라밀(般若波羅蜜)은 무엇인가? 반야바라밀은 앞에서도 말씀한 바와 같이 우리 마음이 우리의 주인공 또는 태양(太陽)이나 달이나 별이나 사바세계(娑婆世界)의 삼라만상(森羅萬象), 두두물물(頭頭物物)이 모두가 다 그 근본성품은 바로 마음이라는 것입니다.

그렇기에 심즉시불(心卽是佛)이라, 마음이 바로 부처라, 그 마음은 물질이 아니기 때문에 공간성(空間性)이 없으며, 공간성이 없기 때문에 시간성(時間性)도 없습니다. 우주에 끝도 갓도 없이 무량무변(無量無邊)하게 가득 찬 생명 자체, 이것이 바로 마음인 동시에 바로 부처입니다.

영가들이시여! 그 자리가 바로 우리의 참다운 생명입니다. 우리 중생은 그 자리를 잘 모르기 때문에 형상(形象)에 가려져 무거운 죄(罪)를 범하게 되면 지옥(地獄)도 가는 것이고, 욕심(慾心)이 많으면 아귀(餓鬼)도 되는 것이고, 어리석고 무명심에 가려져 치매(痴昧)가 되면 그때는 개나 소나 돼지도 되는 것입니다. 싸움 좋아하는 사람들, 투쟁 좋아하는 사람들, 이런 사람들은 틀림없이 아수라 귀신이 되는 것입니다.

생각해봅시다. 그 생명의 본체인 마음은 내 마음, 네 마음으로 나뉘어 둘이 되는 것이 아닙니다.

우주대어의(宇宙大於意), 우주가 오직 하나의 마음인데 그 마음 위에서 인연을 따라서, 바다 위에 일어나는 거품모양으로 내가 있고 네가 있고 산이 있고 물이 있고 하는 것입니다. 이렇게 꼭 생각하시기 바랍니다.

우주가 하나의 생명인데, 부처님의 성품이라 하는, 마음이라 하는 하나의 생명인데, 그 자리에서 인연법(因緣法)을 따라서 이렇게 바뀌고 저렇게 바뀌고 하는 것일 뿐입니다. 따라서 그 근본자리는 다 하나의 생명입니다. 이 자리를 아는 것이 대승법문(大乘法門)입니다.

소승법문 때문에, 조잡한 소승법문이나 세간적인 법문 때문에 우리가 죄를 얼마나 짓고, 죄를 지음으로 해서 얼마나 득(得) 없게 생각합니까? 학생들도 마찬가지입니다.

참다운 진리, 석가가 말하고 예수가 말하고 공자가 말한 바, 참다운 진리에서는 천지우주(天地宇宙)가 오직 하나의 생명입니다. 이렇게 이해하고 생각하면 자기의 행동도 거기에 따라서 남과 화해(和解)하고, 남의 마음에 불을 놓지 않고, 부모님의 마음을 아프게 하지 않고, 이렇게 할 수가 있는 것인데 만일 거기에 바른 가치관(價値觀), 바른 철학(哲學)이 없다면 그때그때 충동(衝動)적으로 행동하게 된다는 말입니다.

영가들이시여, 깊이 생각하십시오. 극락세계라 하는 것은 모든 존재가 마음뿐입니다. 우리 마음이 그때그때 물질에 가려져 물질에 구속되어 잘못 생각하고 있지만, 이 잘못된 생각만 벗어나면 그때는 모두가 바로 부처입니다.

그러면 극락세계가 저 십만억국토(十萬億國土) 멀리에 있는 것이 아니라, 지금 우리가 있는 시중(市中)에나, 학교(學敎)에나, 직장(職場)에 있으나 또는 가정(家庭)에 있으나 항시 극락세계는 바로 우리 눈앞에 나타나 보이는 것입니다.

왜냐하면 이것은 좀 어려우시더라도 대승적으로 생각해 보십시다. 마음뿐이라 하는 것은 마음이 바로 청정무구(清淨無垢)한 광명(光明)이라는 뜻입니다. 마음은 물질이 아닌 하나의 청정한 빛입니다.

빛도 태양광선(太陽光線) 같은 눈부신 광명이 아니라, 그런 광명보다도 가장 기본적인 생명자체(生命自體)의 빛이 바로 마음인 동시에 부처입니다.

그렇기 때문에 어느 것이나, 내 몸뚱이나 무엇이나 모두가 다 근본은 마음에서 비롯되는 것입니다.

마음에서 안 나오는 것은 아무것도 없습니다. 그렇기 때문에 부처님 가르침 가운데서 핵심(核心)이 일체유심조(一切唯心造)라, 모두가 다 마음으로 되었다는 것입니다.

공산주의(共産主義)가 실패한 것도 이유가 다른 데 있지 않습니다.

우리 마음이 몸뚱이의 일부인 뇌(腦)의 활동에 불과하다는 유물론적(唯物論的)인 사고(思考)를 가지고 있으면 필연적으로 사람의 생명을 함부로 하기 쉽습니다.

그렇기에 조금만 마음에 들지 않으면 숙청(肅淸)하고 탄압(彈壓)하고 이렇게 한 것이 이른바 소비에트 사회의 형태 아니겠습니까. 이것은 기본적인 철학에서 벗어나 있는 것입니다.

앞에서 말씀드린 바와 같이 석가(釋迦), 공자(孔子), 예수(Jesus), 그분들의 가르침은 다 하나의 진리인데 그의 핵심(核心)은 천지우주(天地宇宙)가 오직 순수생명(純粹生命)인 마음뿐이라는 것입니다. 부처뿐이란 말입니다.

그런 자리에서 인과의 법칙에 따라서 천차만별(千差萬別)로 구분되어 있지만 모두가 마음에서 된 것이기 때문에 사람 같은 모양을 하거나 산 같은 모양을 하거나 무엇 같은 모양을 하거나, 이들을 근본바탕에서 본다면 사실은 똑같이 다 마음입니다.

그렇기에 일체유심조(一切唯心造)입니다. 모두가 다 마음으로 되었다는 말입니다. 이렇게 알아야 대승적인 생각인 것이고 이렇게 알아야 비로소 무명심(無明心)을 떠나서 참다운 반야(般若)의 지혜(智慧)가 생기는 것입니다.

여러분들이 항상 외우시는 반야심경(般若心經)도 내내야 다 그 뜻입니다. 극락에 가는 것도 지옥에 떨어지는 것도 모두가 다 마음을 깨닫고 깨닫지 못한 데 차이가 있는 것이지 마음이란 자리에는 조금도 변질이 없습니다.

마음은 생명의 빛입니다. 그런 빛으로 내 몸이 되어 있어서 우리가 깨달아서 자기의 몸을 본다고 생각하면 자기 몸은 부처님 몸같이 환하게 빛나는 것이고, 또한 나쁜 사람의 몸이라도 다 그러한 것입니다.

그러나 그런 마음이 주인공(主人公)인 것을 미처 모르는 사람들은 물질만 많이 있으면 된다, 감투만 높으면 된다, 내 몸을 잘 꾸며서 빛나게 만들면 된다, 이런 것에만 치우쳐 모양 때문에 헛된 노력들을 많이 합니다.

그러나 모양은 어차피 없어지는 것이기 때문에 우리 몸뚱이가 아무리 아껴도 없어지고 마는, 금이나 은이나 그런 것도, 물질이라 하는 것은 다 없어지고 맙니다.

인생은 본래 고향이 마음이기 때문에 극락세계가 바로 고향입니다. 극락세계를 떠나서 우리가 그때그때 잘못 보고 지옥도 가고 축생(畜生)도 되고 사람으로도 태어나고 하는 것입니다. 그러나 마음이 고향이기 때문에 다시 본래의 마음자리로, 다시 부처자리로 돌아갈 수밖에는 없는 것입니다.

돌아가지 못하면 항상 불만이 쌓이고 불안(不安)한 것입니다. 우리 인생은 불안하지 않습니까. 모든 것이 불확실(不確實)하고, 믿을만한 것은 사실 아무 것도 없습니다. 남편을 믿고 아내를 믿고, 스승을 믿고 다 믿어야 하겠습니다만 더러는 배신(背信)을 할 수도 있지 않겠습니까.

따라서 물질적인 눈에 보이는 세계라는 것은 어느 것이나 상대적인 믿음만 있는 것이며 절대적(絶對的)으로 믿을 수 있는 것은 없는 것입니다.

모두가 다 변화무쌍(變化無雙)하여 그렇습니다. 그렇기에 제행무상(諸行無常)이라, 제법무아(諸法無我)라 합니다.

영가들이시여, 자세히 듣고 깊이 생각하십시오, 영가들이 과거전생(過去前生)에 살았던 사람의 세상에서 잘 살았든 못 살았든, 그런 것은 모두가 다 꿈에 불과합니다. 어디에도 그 흔적도 없습니다.

아내나 남편이나 자식이나, 그러한 자기의 권속(眷屬)도 모두가 어쩌다가 인연이 좀 같아서 한세상에서 만난 것이지 또다시 어디에 가서 만난다고 보장할 수 없습니다. 따라서 그런 것에 대한 애착(愛着)도 가질 필요가 없습니다.

다만 우리 인간존재(人間存在)나 천상존재(天上存在)나 지옥존재(地獄存在)나 아귀존재(餓鬼存在)나 축생(畜生)이나 모두가 할 일은 부처님의 법을 믿고서, 성자(聖者)의 가르침을 믿고서 허망(虛妄)한 것은 허망하다고 보고, 꿈을 꿈이라고 보고 우리 고향살이, 극락세계로 돌아가는 것입니다.

동참하신 우리 법우 불자님 여러분들이시여! 지금은 우리가 각성(覺醒)할 때입니다. 세간적인 그렁저렁한 가르침으로 우리 인생을 낭비(浪費)할 때가 아닙니다.

만일 각성하지 못한다면 우리는 다시 또 우리의 개인적인 불안과 온갖 번뇌(煩惱)와 그런 것 때문에 평생 고생해야 합니다. 또는 가정도 마찬가지입니다.

진리에 비추어서 아버지 도리(道理), 어머니 도리, 자식 도리를 다 해야지 그렇지 않고서 세간적(世間的)인 애착만으로 산다고 할 때에는 끊임없이 불안하고 부자지간(父子之間), 모자지간(母子之間), 모녀지간(母女之間), 끊임없이 싸울 수밖에는 없습니다.

눈에 보이는 몸뚱이는 허무한 것입니다. 자기 집도, 자기 아파트나 단독주택이나 모두가 다 허망한 것입니다.

어차피 나그네길인데 어디서 머물다가 어차피 곧 가고 마는 것, 우리가 할 일 가운데 가장 중요한 것은 성자의 길을 따라서 바르게 사는 것입니다.

집착(執着)하지 않고 보는 바른 견해, 정견(正見), 이것은 인생(人

生)을 사는 등불입니다. 이러한 바른 견해가 앞에 말씀드린 바, 반야바라밀(般若波羅蜜)입니다. 바른 견해인 이 등불이 없으면 어두컴컴한 사바세계(娑婆世界)에서 바로 비춰 나아갈 수가 없습니다.

그러면 바른 견해란 무엇인가? 앞에서 말씀드린 바와 같이 바른 눈으로 보면 일체존재(一切存在), 즉 물질은 허망한 것이고 마음만 존재하는 것입니다. 생명자체(生命自體)만 존재하는 것입니다.

우리가 전자현미경(電子顯微鏡)을 놓고 대상을 보면 우리 눈에 보이는 금이나 은이나 다이아몬드나 우리 몸뚱이나 이런 것들은 보이지 않습니다.

인간이라고 하는, 인간의 존재에 맞추어진 인간의 업장(業障)의 안목(眼目)에서 비추어 보니까 사람으로 보이고 예쁘게도 보이고 밉게도 보이는 것이지 정말로 더 깊은 눈으로, 더 밝은 부처의 눈으로 보면 우리 인간이 반드시 예쁘고 밉고 그렇게 보일 수가 없는 것입니다.

우리 인간에게 보이는 것만이 전부가 아닙니다. 성자(聖者)가 보는 눈만이 정(正)으로 바로 보는 것이고 우리 인간은 모두가 다 가상(假相)만 보는 것입니다. 망상(妄想)만 보는 것입니다.

영가들이시여! 극락세계(極樂世界)가 우리의 고향입니다. 어차피 몇 만생(萬生)을 윤회(輪廻)하다 가더라도 극락세계에는 꼭 가야 하는 것입니다.

기왕이면 윤회하고 갈 것이 아니라, 금생에 가까스로 백천만겁난조우(百千萬劫難遭遇)라, 부처님의 가르침을 만났으니 이 귀중한 가르침을 붙들고 다른 쪽에 한 눈 팔지 마시고 정진수행(精進修行)하여 극락세계에서 왕생(往生)하시기 바랍니다.

나무석가모니불(南無釋迦牟尼佛)! 나무마하반야바라밀(南無摩訶般若波羅蜜)!

六. 일체존재는 한 생명체

전 광주 태생은 아닙니다. 저는 시골의 가난한 집에서 태어났기 때문에 광주에서 자라지는 못했습니다. 그러나 광주 사범(師範)을 졸업했기 때문에 광주는 고향이나 다름없이 깊은 인연이 있습니다.

또 20대에 승려가 된 뒤에도 주로 광주 지역에서 많이 지냈습니다. 시내에서도 몇 년을 지냈고 주변에서도 지냈기 때문에 광주는 고향 같은 그러한 깊은 친밀한 인연이 있습니다. 오늘 이 금륜회 법회에서 다시 여러분들을 만나 뵙게 되어서 감회가 한량없습니다. 대단히 감사하고 반갑습니다.

이 부처님 법을 공부하는 데 있어서 우리가 몇 가지 개념적인 정리를 하지 않으면 부처님 공부를 하면서도 부처님 법과는 거리가 먼 생활을 할 수가 있습니다. 부처님 법은 바로 정도(正道)입니다.

정도는 우주 본연(本然)의 도리에 조금도 빗나가지 않은 그러한 가르침입니다. 석가모니(釋迦牟尼) 부처님뿐만이 아니라 성자(聖者)들은 모두 한결같이 정도를 밟으신 분들입니다.

가령 피타고라스(Pythagoras BC 582~497), 소크라테스(Sokrates BC 470~399), 플라톤(Platon BC 427~347), 아리스토텔레서(Aristoteles BC 384~322) 또는 공자(孔子 BC 552~497), 노자(老子 BC 4~5세기), 석가(釋迦 BC 560~480), 예수(Jesus BC 4~), 그러한 분들은 위대한 철인(哲人)인 동시에 성자이기 때문에 우주 본연의 진리에 맞추어서 그 진리를 깨닫고 진리대로 생활을 하신 분들입니다.

이분들은 다 정도를 걸었습니다.

외도(外道)와 정도(正道)를 불자님들 가운데는 구분을 잘 못하시는 분도 있습니다. 따라서 명확히 개념적으로 구분하기 위해서 그 쪽에 역점을 두어서 말씀을 드리겠습니다.

부불법외도(附佛法外道)

외도 가운데에도 부처님 법이 아닌 외도는 확실히 알 수가 있는데, 부불법외도(附佛法外道)라, 붙을 부(附), 불법에 붙어서 외도 짓을 한단 말입니다.

더러는 출가(出家)하기도 하고 또는 출가를 하지 않은 재가(在家) 불자들 중에 아주 독실한 행동을 하는 것처럼 보이지만 사실은 외도의 마음을 가지고 외도 짓을 하는 사람들을 가리켜 부불법외도(附佛法外道)라 합니다. 불법에 붙어서 외도 짓을 한단 말입니다.

그런 것을 구분하셔야 한다고 생각이 되어서 부처님 법에 대한 차원 문제, 즉 어떠한 것이 얕은 차원이고 어떠한 것이 깊은 차원인가? 어떠한 것이 가장 확실한, 조금도 에누리가 없는, 방편(方便)이 아닌 진실한 가르침인가? 이것을 말씀드리려고 합니다.

요즘 같이 혼탁한 세상에는 이러한 구분을 잘 못하면 자기도 모르게 부처님 법에 붙어서 모양은 불교인 같이 행세를 하지만 외도 짓을 하는 이른바 사이비 불교인이 될 수가 있습니다.

세간법(世間法)

불법은 그 깊고 옅은 차이를 통상 세 가지로 구분을 합니다. 그 중한 가지는 세간법(世間法) 차원이라, 세간법은 우리 중생들이 상대적(相對的)으로 보고, 느끼고 하는 범부(凡夫)들의 견해에 걸맞는 그런 부처님 법(法)입니다.

가정(家庭)이 있으면 부모 자식이 있고, 부부가 있고 또 주관적으로 내가 있으면 객관적으로 남이 있단 말입니다. 선(善)이 있으면 악(惡)이 있고, 마치 음(陰)과 양(陽)이 있듯이 말입니다.

모든 문제를 상대적으로 이해하고 풀려는, 즉 우리 인간 존재가 느끼고 판단하는 그런 범위 내에 있는 불법이 세간적인 불법입니다. 사실 세간적인 불법은 부처님 법이 아니더라도 익힐 수가 있는 문제 아니겠습니까.

다른 가르침에도 세간적인 것은 있습니다. 윤리(倫理)나 과학(科學)이나 우리 상식(常識)이나 그런 것은 모두가 세간적인 차원의 문제입니다.

그래서 부처님 법을 믿는다 하더라도 그 세간적인 차원에서 그쳐 버리면, 가령 나는 나고, 너는 너고, 좋은 것은 좋고, 궂은 것은 궂고, 누가 비위에 거슬린 행동을 했을 때 그에 상응한 보복을 하고 제재를 가해야 되는 것이지 그대로 용납을 할 수가 없다고 생각하는 것입니다. 이런 것이 모두가 세간법입니다.

법률(法律), 경제학(經濟學) 같은 것은 모두가 세간법입니다. 그러나 세간법이 부처님 법의 전부다, 이렇게 생각을 하면 곤란합니다. 부처님 법은 그와 같이 얄팍한 법이 아닙니다.

소승법(小乘法)

그 다음에는 소승법(小乘法)이라, 소승법은 세간법보다는 더 깊습니다. 인간 세상을 정말 분석적으로 본다고 생각할 때는 모두가 다 인연(因緣)을 따라서 이루어지고 인연을 따라서 없어지고 하는 것입니다. 인연을 떠나서 부처님 법은 있을 수가 없을 정도로 인연이라는 것은 굉장히 소중합니다.

그렇기에 잡아함경(雜阿含經)에 '인연을 알면 진리를 알고, 진리를 알면 부처님을 안다', 이런 말씀이 있습니다.

따라서 인연을 모르면 사실 불법을 모른다고 할 수가 있는 것입니다. 그 인연은 앞서 언뜻 말씀드린 바와 같이 '이것이 있으면 저것이 있고, 내가 있으면 네가 있고 또 인간이 있으면 인간과 더불어서 그 주변 환경도 있다', 이렇게 모든 것을 대립적으로 보는 견해이기 때문에 사실 인연으로 따져서 보면 고유한 존재는 어느 것도 없습니다.

지금 자기라 할지라도 과거 전생(前生)에 업(業)을 지어서 그 하나의 정신 영체(靈體)가 있었겠지요. 그 영체가 부모님의 인연을 따라서 금생(今生)에 태어났단 말입니다.

그러나 과거의 영체 또는 현세의 부모님의 그런 인연만이 지금의 자기를 있게 한 것이 아니라 흙과 물과 공기 그리고 모든 영양물질, 이런 인연들이 복합적으로 갖추어져서 '나'라는 존재가 비로소 있게 된 것입니다.

가장 가까운 인연은 부모님 아닙니까. 어머님을 떠나고 아버님을 떠나고 자기 존재가 있게 한 이러한 모든 인연들을 다 떠난다고 생각할 때 자기는 없어져버린단 말입니다.

자기 몸뚱이라는 것도 불교식으로 말하면 대체로 아시는 바와 같이 땅기운(地氣), 물기운(水氣), 불기운(火氣), 바람기운(風氣), 이른바 질량, 수분, 온도, 동력 이런 것들이 화합해서 되었단 말입니다.

따라서 우리 몸에서 온도를 몽땅 빼내버리면 그냥 죽음이 오지 않습니까. 하여튼 우리 몸뚱이 자체가 어느 한 조건을 잃어버리면 존재할 수가 없습니다.

우리 마음도 마찬가지입니다. 과거 전생에 지었던 그 업(業)의 소질 위에다 금생에 태어나서 다시 보고, 듣고, 느끼고, 배우고 그런 것을 더해서 자기 마음이라 합니다. 그렇기 때문에 보고, 듣고, 느끼고 한 그런 것들을 다 해체해버리면 자기 마음도 존재할 수가 없습니다.

그래서 자기를 있게 한 인연이 함수관계를 깊게 생각해 보면 고유한 자기 존재는 없어져버립니다.

보통 우리 중생들은 내 몸은 분명히 내 것이고, 다른 사람 것이 절대로 될 수가 없다고 생각합니다. 가정의 가장이 되고, 주부가 되어놓으면 가족들을 자기 소유같이 많이 생각을 한단 말입니다. 그러나 인연을 안다면 그렇게 할 수가 없습니다.

또 우선 직접적인 인연은 그렇다 하더라도 간접 인연까지 따진다고 생각할 때는 더욱 독립된 고유한 자기는 없습니다. 요즈음 카오스(Chaos) 이론에서 나비효과(Butterfly effect)라는 것이 있지 않습니까.

이런 것은 다행히도 부처님 법을 차근차근 현대 물리학이 밝혀가고 있다고 생각이 되어서 기쁘게 생각합니다. 나비효과란 나비 한 마리가 영국의 어느 시골 꽃밭에서 공기를 살랑거리면 그것이 원인이되어서 다음 달 한국의 서울에 폭풍이 일어날 수도 있다는 이론입니다.

영국이나 미국이나 그 먼 나라에 있는 나비 한 마리, 그야말로 가벼운 동작 하나가 지금 우리와 불가분(不可分)의 관계를 갖고 있다는 것입니다.

직접적으로는 부모나 가족들하고 관계가 있고 또 우리 주변 사람들하고만 관계가 있다 그리고 음식이나 물이나 주변에 있는 국토나 이런 것들하고만 관계가 있다, 이것을 떠나면 내가 있을 수가 없지 않은가, 이렇게만 생각을 합니다.

그러나 조금 더 확장시켜서 생각을 한다면 저 미국이나 영국에 있는 그 나비 한 마리 또는 새 한 마리, 그 쪽의 기상관계, 그 쪽 사람들의 생각 하나까지도 모두가 다 내 생명과 관계가 있는 것입니다.

이런 것을 가리켜서 불교의 어려운 말로 중중무진(重重無盡)의 연기법(緣起法)이라, 이렇게 말씀을 합니다.

얽히고설키고, 천지우주의 모든 것이 다 하나의 관계성(關係性) 위에 있습니다. 때문에 어느 것도 관계가 되어 있지 않는 것이 아무 것도 없습니다. 내가 존재하는 것이나 그대가 존재하는 것이나 또는 나무 하나 성장하는 것이나 모두가 다 우주 전체와 다 관련성(關聯性)이 있습니다.

그렇기 때문에 한마디로 이 우주 자체가 이른바 하나의 유기체(有機體)란 말입니다. 내 몸뚱이만 유기체(有機體)가 아니라 또 동물이나 식물만 유기체가 아니라 우주 전체가 다 관계성 때문에 관계의 고리로 얽히고설킨 하나의 유기체란 말입니다.

따라서 이렇게 생각하면 현상적인 모든 존재는 항상성을 가진 것은 아무 것도 없고 무상(無常)하단 말입니다. 인연을 따라서 잠시 모여서 모두가 그때그때 변화무쌍(變化無雙)한, 어려운 불교술어로 말하면 전변무상(轉變無常)이라, 항상 움직이고 변해서 마지않는다는 것입니다.

내 몸을 구성한 그런 세포라든가 또는 우리 주변에 있는 모든 환경이나 어떠한 것이나 이 존재하는 것은 모두가 다 그때그때 변동해서 마지않는 전변무상의 허무(虛無)한 존재입니다. 그래서 현대 같이 복잡한 세상에서는 굉장히 불안합니다.

자기 자신도 불안하고, 과연 어떻게 살아야 할 것인가? 우리 삶의 미래는 어떠할 것인가? 불확실하고 불안한 것이 우리 생활이고 따라서 인생고해(人生苦海)입니다.

우리가 생각할 때 불안하지 않으면 좋을 것인데 왜 불안한가? 우리 인간 존재라는 것이 너무나 모든 조건이 만족되어서 좋아버리면, 부모님 덕택으로 아무런 고생도 않고 운수가 좋아서 족족 좋은 직장이 생기고 행복스럽게 잘 살아버리면 불안한 마음이 별로 없겠지요.

그렇게 되면 사람은 성숙(成熟)하지 못합니다. 성장(成長)을 못한단 말입니다. 그런 사람들은 무상(無常)이라 하는, 우리 인간에 있어서 필연적인 알아야 할 무상이란 도리를 몰라버립니다.

무상이란 도리를 모르면 이기심(利己心)만 강해져서 다른 사람의 어려움이나 이웃 사회나 국가나 인류의 고통스러운 문제를 조금도 헤아리지 못하는 것입니다.

인간이라는 것이 결국은 무상한 존재가 아닌가, 내가 지금 젊다 하더라도 이윽고 얼마 안 가서 곧 늙어질 것이 아닌가, 지금 죽는 사람과 더불어 나도 어느 땐가는 죽어야 할 존재가 아닌가, 인간의 생명이라고 하는 것은 바람 가운데 등불같이 오늘 꺼질지 내일 꺼질지 모르는 것이 아닌가, 이렇게 사람이 무상을 느끼면 무게가 생기고 그만큼 인생에 대해서 깊이 음미하게 됩니다.

따라서 불행은 옅게 보면 고통만 주는 것이지 아무런 가치가 없다, 이렇게 생각되지만 우리 인간을 성숙시키는 차원에서 볼 때는 꼭 불행은 있어야 됩니다. 불행이 있음으로 해서 소중한 무상을 배우는 것입니다.

이 무상(無常)이라 하는 것은 아시는 바와 같이 없을 무(無), 항상 상(常) 아닙니까. 따라서 무상은 이 우주 시공(時空) 안에 조금도 같은 존재가 없다는 뜻이기도 합니다. 항상(恒常)인 것은 조금도 없습니다.

어느 순간도 같은 존재는 없습니다. 또 같은 존재라도 역시 어느 순간도 머무름이 없습니다. 우리 중생들은 현실적인 의식주(衣食住)에 너무나 골몰하기 때문에 우리 인간의 생명이 흘러가는 것을 잘 파악하지 못합니다.

이른바 과학은 인간이 존재에 대해서 보다 더 깊이 객관적으로 연구하는 학문 아닙니까. 과학의 기초인 물리학으로 관찰할 때도 '나'라는 존재가 어느 순간도 같지 않기 때문에 사실은 존재한다고 할 수가 없습니다. 무상은 모든 존재를 바로 정확히 관찰할 때는 있다고 볼 수가 없는 것입니다.

어제, 오늘 나는 똑같은 사람이 아닌가? 내일도 똑같지 않을 것인가? 이렇게 생각해서 우리가 함부로 하는 것이지 어제 다르고 오늘 다르고 내일 달라진다고 바르게 알면 허튼 짓을 할 수가 없습니다.

우리 세포는 순간순간, 찰나찰나 신진대사(新陳代謝)해서 변화무상한 것입니다. 따라서 무상하기 때문에 우리가 공간적(空間的)으로 보아도 일점의 시간에 일정한 존재가 거기에 있을 수가 없단 말입니다. 어느 공간을 사실은 점유할 수가 없는 것입니다.

따라서 무상한 것은 따지고 보면 공(空)이다, 잡을 수가 없으므로 공이라고 해야 할 것입니다.

무상하고 움직여서 마지않고, 항상한 것은 조금도 없고 또는 그렇게 함으로 해서 이것은 비어 있다, 공이다, 그렇기 때문에 사실은 나라고 고집할 것이 없다, 불교에서 부처님의 가르침을 말할 때에 무상(無常)을 말하고 또는 공(空)을 말하고 무아(無我)를 말하지 못하면 부처님 법이 아닌 것입니다.

부처님 법을 배운다고 하면서 그저 상식적으로, 세간적으로 또는 속세적으로 '나는 나고, 너는 너다', 이와 같이만 생각한다고 하면 앞서 말씀드린 바와 같이 이것은 불법이라고 볼 수가 없습니다.

부불법외도(附佛法外道)라. 불교를 믿는다고 하면서도 무상을 모르고 공을 모르고 또는 무아를 모른다는 것은 부처님 법에 붙어 있으면서 외도 짓을 하는 것밖에는 안 됩니다. 불법을 올바르게 믿지 못하는 것입니다.

비단 부처님의 가르침뿐만이 아니라 다른 기독교의 가르침도 마찬가지입니다. 마태복음서에서도 '그대가 거듭나지 않으면 하느님 나라는 볼 수 없느니라'라고 말하고 있습니다. 하느님은 부처님의 법신불(法身佛)과 같은 차원에서 해석하면 됩니다. 우주의 진리가 참다운 하나님입니다.

인도(印度)의 성웅(聖雄) 간디(Gandhi 1869~1948) 같은 분도 "나는 그리스도를 좋아한다. 그러나 나는 크리스천은 싫어한다"고 했습니다. 왜냐하면 지금 일부 크리스천은 예수 그리스도를 닮지 않았기 때문입니다.

우리 불교도 그런 말씀을 할 수가 있습니다. 어느 누구나 불법(佛法) 자체를 싫어할 사람은 없을 것입니다. 그러나 불교를 잘못 믿는 불교인(佛敎人)은 싫어할 수가 있습니다.

그네들이 부처님 법을 바르게 믿고 부처님을 닮아가려고 부처님 법을 닦으면 좋을 것인데 그렇지 않고서 엉뚱하게 세간적인 생각으로 부처님 법을 믿고 있습니다.

이슬람교의 코란(Koran)에도 좋은 말씀이 있습니다. 따라서 그대로 따르면 가정도 평화스럽고 단체와 단체끼리 또는 국내는 물론 국제간도 항시 화해하고 화평할 수밖에는 없습니다. 그러나 코란에 쓰여 있는 대로 이슬람 교도들이 믿지 않는단 말입니다.

종교 인구는 나날이 불어가지만 세상은 나날이 험악해지지 않습니까. 이런 것은 진리를 믿는다고 하면서 겉으로만 믿고 사실은 진리에 따르지 않는 외도 짓거리를 하기 때문입니다. 외도(外道)는 진리에 벗어나는 짓을 하는 것입니다.

그렇지 않기 위해서는 앞서 제가 말씀드린 바와 같이 첫째 무상을 좀 알아야 됩니다. 무상을 알아야 허튼 짓을 하지 않는단 말입니다.

가령 하나의 감투를 놓고 생각해봅시다. 누구나가 감투를 싫어할 사람은 없지 않습니까. 감투가 있으면 권력도 생기고 다른 사람들도 자기를 따르고 숭배하고 그럴 수 있겠지요.

감투가 사람 수만큼이나 많으면 그것은 문제가 되지 않을 것인데 사람 수는 많고 감투가 적으므로 필연적으로 무시무시한 경합이 따른단 말입니다.

경합이 따를 때는 우리가 지금 보고 있는 바와 같이 친구지간도 원수가 될 수 있는 것이고 또 거기에 따르는 낭비라든지 불화합의 분위기라든가 이루 말을 다 할 수가 없습니다. 새삼스럽게 이 귀중한 시간에 그런 말씀을 일일이 다 하기는 싫습니다. 할 겨를도 없습니다.

그러한 감투나 권력이 우리 인간의 참다운 행복을 위해서 얼마만큼 가치가 있는 것인가? 이렇게 생각하고 파고 들어가 볼수록 나를 위해서나 남을 위해서나 아무런 도움이 안 됩니다. 예수가 감투 때문에 자기 시간과 정력을 소비했습니까. 공자가 그러했겠습니까.

석가모니(釋迦牟尼)나 예수나 공자가 살아간 길이 가장 바른 길입니다. 바른 길이라는 것은 우리가 언뜻 생각할 때에 재미도 없고 우리한테 별로 행복을 주지 않는 길이 아닌가, 이렇게 잘못 생각하기가 쉽습니다.

사실 참다운 행복은 바른 길에만 있습니다. 참다운 진리(眞理), 참다운 평등(平等), 참다운 평화(平和)는 오직 진리와 더불어서만 존재합니다.

검은 것을 검다고 해야지, 검은 것을 희다고 우기면 그때는 싸움이 되지 않겠습니까. 그것과 마찬가지로 우리 인간 존재나 모두가 다 무상인데 무상하지 않다, 이렇게 우기고 산다면 틀림없이 머지않아서 환멸을 느끼게 됩니다. 결국은 무상하므로 늙고 아프고 죽어가는 것입니다.

따라서 무상(無常)이고, 무상하므로 사실은 나라고 할 것도 없는 무아(無我)고 말입니다. 그래서 공(空)이란 말입니다.

고(苦), 공(空), 무상(無常), 무아(無我)

그렇기 때문에 이 세간적인 것을 바르게 따지고 따져서 인과적으로 볼 때는 누구나 다 존재하는 것은 모두 무상하다고 느낄 수가 있습니다. 그런 무상한 것을 있다고 생각해서 취하려고 할 때는 고통스럽단 말입니다. 그러므로 인생은 고(苦)란 말입니다.

무상한 것은 으레 무상한 것이 아닌가, 이렇게 달관(達觀)하고 통찰하면 우리가 고통을 느끼지 않을 것인데, 무상한 것을 있다고 고집할 때는 우리한테 고생이 따르는 것입니다.

본래 무상(無常)한 것이므로 공(空)이고, 나라고 할 것도 없는 이른바 무아(無我)인데, 그 자기(自己)를 고집(固執)하고, 집안에서도 보면 아버지는 부권(父權)만을 행사하려 하고 어머니는 어머니대로 모권(母權)만을 행사하려고 합니다.

정당한 행사는 응당 해야 합니다. 그러나 부질없는 권위의식(權威意識)으로 행사한다고 생각할 때는 다시 바꿔서 말씀드리면 진리를 벗어나서 세속적인 관념으로 권리를 부리면 지금 젊은 사람들은 꽤

137

영리하므로 승복을 하지 않습니다.

지금 세상에서 여러 가지 패륜아(悖倫兒)들이 생겨나고 사회가 혼
란스러운 것은 진리대로 행동을 못해서 그렇습니다. 우리 기성세대들
도 부처님 법이나 기독교의 성경이나 공자의 법이나 그런 법이 있어
도 그 진리대로 생활을 못해서 그렇습니다.

그 명심보감(明心寶鑑)이나 논어(論語)도 굉장히 위대한 저술입니
다. 공자의 말씀에 이런 대목이 있습니다.

'군자(君子)는 성인지미(成人之美)하고 불성인지악(不成人之惡)하
나니 소인(小人)은 반시(反是)니라.'

군자는 위대하고 훌륭한 사람을 가리키는 것입니다. 남녀 구분 없
이 훌륭한 사람은 다 군자입니다. 군자는 남의 좋은 일은 도와서 이
루게 하고, 남의 나쁜 일은 좋은 쪽으로 선도(善導)합니다. 그러나 소
인은 그 반대입니다. 항상 다른 사람들을 허방에 떨어뜨리려고 애를
쓰는 것입니다. 군자와 소인의 차이가 거기에 있습니다. 대인들은 남
의 단점을 안 보고 장점을 봅니다.

장점이 별로 없는데 어떻게 장점을 볼 것인가? 그러나 어느 누구에
게나 다 장점이 있습니다. 정말로 진정한 장점, 모든 사람의 본래면목

(本來面目)은 부처님입니다. 어떤 사람을 참말로 잘 본다는 것은 그 사람을 부처님 같이 보아야 한다는 말입니다. 본래가 다 부처님인데 어떻게 장점이 없다고 하겠습니까.

　보통 사람들은 남들이 자기를 숭배하지 않을까봐, 자기를 인정하지 않을까봐 몹시 자기 과시를 많이 합니다. 뽐내고 별짓도 다하지 않습니까. 꾸미기도 하고 말입니다. 또 명심보감에,

　　'유사(有麝)에 자연향(自然香)이니 하필(何必)이면 당풍입(當風立) 잇고,'

즉 '사향(麝香)을 가졌으면 저절로 향기가 날 것인데 어찌 반드시 바람 부는데 서서 향기가 풍기기를 바랄 것인가.' 라는 말이 있습니다. 사향은 그야말로 좋은 향기를 풍기는 훌륭한 향료가 아니겠습니까. 사향을 우리 몸에 지니고 있다고 하면 자연적으로 향기가 풍겨날 것인데 왜 바람 앞에서야 향기가 나는가?

　대체로 짐작이 되시겠습니다만 정직한 사람 또는 양심이 바른 사람, 항시 남 잘되기를 바라는 사람, 가만히 두어도 저절로 남한테 베풀고 봉사하는 그런 사람들은 숭배받기를 원하지 않더라도 주위 사람들이 숭배하고 눈에 안 보이는 귀신이나 신장들도 다 숭배하고 지

키는 것입니다.

부처님 가르침은 철두철미하여 어떠한 과학보다도 더 정밀하기도 하고 확실한 과학입니다. 과학적으로 본다면 제법은 무상이고 모든 것은 항상성 없이 항상 변화해서 마지않고 그러기 때문에 모든 것이 본래로 공이고 나라고 할 것도 없다, 무상이고 공이고 무아고 이렇게 느껴야 불법의 입문(入門)이 됩니다.

그러나 그렇게만 되어버리면 너무나 허무하단 말입니다. 살맛도 없고 살 필요가 없는 것입니다. 무상이고 공이고 나라고 할 것도 없는데, 무슨 우리가 살 필요가 있는가? 그렁저렁 마음 따라서 이제 내키는 대로 먹고 놀다가 죽으면 그만이 아닌가? 이른바 허무주의(虛無主義)가 되기 쉽습니다.

그런 정도가 이제 소승(小乘)입니다. 무상만 느끼고 공만 느끼고 무아만 느끼면 이른바 과학적으로만 따질 때는 결국은 소승입니다. 현대 과학도 소승의 범주를 못 벗어나 있습니다.

아무리 생산을 많이 해서 소비를 많이 해 보아도 그걸로 해서는 마음이 내키지가 않습니다. 좋은 이성을 많이 접촉하고 별 짓 다 해보고 감투를 제아무리 많이 써 보아도 세간적인 것으로는 절대로 우리 마음을 채울 수가 없습니다.

대승법(大乘法)

부처님 법은 소승에도 그치지 않고 대승(大乘)이라, 바로 불승(佛乘)입니다. 바로 모두가 부처님이 되는 법입니다. 과학적으로 보면 무상이고 무아고 공일망정 성자가 사실을 사실대로 바로 보면 나나, 너나, 어떠한 것이나 모두가 다 부처님이란 말입니다.

부처님이라 하는 것은 우주의 본래의 모습입니다. 무상이고, 공이고, 무아고, 다 텅텅 비어 있는 것 같은 그 공의 자리, 공의 정체(正體)는 무엇인가? 공의 알맹이는 무엇인가?

공은 다만 공이 아니라 그 불성(佛性)이라 하는 우주의 참다운 진리, 만공덕(萬功德)을 갖춘 우주의 참다운 진리인 부처님 성품, 그 불성이 거기에 충만해 있습니다.

이렇게 아는 것이 이른바 일불승(一佛乘), 모두가 다 부처님 하나뿐이라는 것입니다. 이것이 부처님께서 우리에게 하시고자 하는 확실한 말씀입니다.

인생은 고다. 인생은 무상이다. 인생은 허무하다. 이런 것은 거기에 이르기 위한, 우리 중생들이 잘못 보는 것을 객관적으로 털어버리기 위한 하나의 길목인 것입니다. 참다운 불법은 방금 제가 말씀드린 바와 같이 '모두가 다 어느 것도 가림 없이 부처님뿐이다' 라는 것입니다.

석가모니 부처님이나 예수나 그런 분들은 가령 자기 부모님을 살해한 불구대천(不俱戴天)의 원수(怨讐)라 하더라도 원수같이 보지 않는단 말입니다. '원수를 사랑하라' 그런 말씀이 있지 않습니까. 성자의 눈에는 원수가 있을 수가 없습니다.

왜냐하면 성자의 눈은 겉을 보는 것이 아니라 생명 자체를 보는 것입니다. 생명은 모양이 있는 것이 아니지 않습니까.

지금 다행히도 세상이 차근차근 좋은 세상으로 옮아가고 있습니다. 그렇기 때문에 생명운동(生命運動)이라. 아주 재주 있는 사람들이 그런 운동을 하는 것 같습니다. 그러나 생명운동을 하는 데 생명의 정체(正體)가 무엇인가를 잘 모르고 하는 것 같습니다.

생명의 본질을 가장 확실하게 깨달은 분이 부처님입니다. 부처님 법에 의지하지 않고서 보통 '생명이 위대하다. 생명이 소중하다.' 이렇게만 소박하게 느끼고 하는 생명운동은 소승적이고 상대유한한 과학적인 범주를 벗어나지 못하고 맙니다. 일불승의 참다운 생명운동은 못 되는 것입니다.

앞서 말씀드린 바와 같이 과학적으로, 객관적으로 우리가 뚫어지게 달관해서 보면 모두가 다 공이고, 무상이고, 무아인 것입니다.

그러나 그 공의 정체, 그 허무하지만 허무하지 않는 생명 자체는 바로 진여불성(眞如佛性)이란 말입니다. 진리이기 때문에 진여(眞如)라고 하는 것이고 또는 하나의 명이기 때문에 부처 불(佛), 성품 성

(性), 불성(佛性) 그렇게 표현을 하는 것입니다. 대승(大乘)도 불승(佛乘)도 모두가 다 그 자리를 의미하는 것입니다.

그렇기 때문에 우리가 부처님 법을 판단할 때도 앞서도 말씀드린 바와 같이 자기라는 것에 항상 집착(執着)을 하고 자기 이기심(利己心)만 부리고 나아가서는 자기 가족만 생각합니다. 요즈음 부모한테 효도(孝道)하라 하니까 다른 부모한테는 폐가 되든 말든 자기 부모만 생각을 하려고 합니다.

그런 것은 참다운 효도가 아닌 것입니다. 진리에 따라서, 진리에 맡게끔 절제 있게 효도를 하여야 참다운 효도입니다.

따라서 세간법으로만 따지는 그러한 부불법외도(附佛法外道)가 되어서도 안 될 것이고 또 허망 무상하다 하는 소승 쪽으로만 불교를 믿어서도 안 됩니다.

소승을 가리켜서 패근(敗根)이라, 패할 패(敗), 뿌리 근(根), 본래 우리 중생의 실상(實相)이 부처인지라 어느 누구나 다 부처가 될 의무가 있습니다. 또 당위적으로 꼭 부처가 되어야 하는 것입니다.

우리 인간의 일생(一生)은 부처가 되기 위해서 지금 인간 세상에서, 인간 수련 도장에서 훈련을 받는 것입니다. 자기가 알든 모르든 간에 다 그러는 것입니다.

고생을 많이 하고 있다면 그만큼 과거에 지었던 업(業)을 감하는 것입니다. 그런데 우리 인생살이 모두가 허망무상한 것이 아닌가?
무상하고 공이고 무아이므로 허무하지 않는가? 이렇게만 느낀다면
이것을 가리켜서 불교 대승에서는 패근이라, 부처님 될 종자를 없애

○
涅槃(nirvana)은 即 聖者의
境界는
常(常住)・樂(妙樂)・我(大我)・淨(淸淨)
의 四德이 實相이오.

○
娑婆(saha)即 凡夫의
境界는
苦・空・無常・無我의
四念住가 實相이다.

버린다는 말입니다

허무주의라는 것은 모든 것을 부정합니다. 정부도 부정하고 다 부정한단 말입니다. 따라서 그러한 것은 결국 성불을 하여야 할 것인데 성불을 못하게 만드므로 패근이라, 못된 근성이란 말입니다.

따라서 우리는 우선 객관적으로 공을 느끼고 무상을 느끼고 무아를 느낀다 하더라도 거기에 머무르지 말고 꼭 생명의 실상, 내 생명의 근본이요, 참 모습인 동시에 우주 모든 것의 근본 모습인 바로 진여불성(眞如佛性), 바로 부처님이란 것을 철두철미하게 믿고 수행을 하여야 합니다.

이렇게 느껴서 불타관(佛陀觀)을 확립하시고 부처님에 대한 확실한 개념을 정리하시기 바랍니다.

성불(成佛)의 방법론

그러면 우리가 어떻게 부처가 될 것인가?

그 부처가 되는 문제에 관해서도 여러 가지로 종파가 많지 않습니까? 한국도 50종파가 된다고 합니다. 그러므로 무던히 우리 중생들이 분별시비(分別是非)가 많은 것을 여실하게 느낄 수가 있습니다.

그런 가운데서 우리가 부처님되는 공부를 가장 좋은 길로 밟아야 할 것인데 어떻게 공부를 해야 할 것인가? 이러한 것을 진지하게 연구를 해가면서 제 말씀을 들으시기 바랍니다.

어떻게 우리가 부처가 될 것인가? 각기 종파마다 자기가 하는 방법이 제일 옳다고 합니다. 우리 불교 내에도 자고로 여러 가지 논쟁이 심했던 것입니다.

저는 미국에 가서 좀 있어 보니까 미국은 세계 종교 박람회 같은 그런 곳이기 때문에 같은 불교도 저 동남아(東南亞)불교, 티베트(Tibet)불교, 인도(印度)불교, 일본(日本)불교, 중국(中國)불교 다 들어와 있습니다. 관찰을 해보니 서로 비교가 되어서 도움을 많이 받았습니다.

제가 생각할 때는, 아전인수격(我田引水格)으로 말씀드리는 것이 아니라 한국 불교가, 지금 한국불교만 해도 50종파가 넘는다 하더라도 결국 한국 불교의 핵심이 세계 불교에서 제일 좋다는 생각을 했습니다.

나이 70이 다 된 사람이 국내 어느 토굴에 가만히 있으면 편할 것인데 구태여 시차 문제도 있는 외국에 갔다, 왔다 하는 것은 한국불교만이 참다운 불법의 그런 정수라고 생각했고 또 미국 사람들 역시 꼭 한국불교를 믿어야 그 사람들이 정말로 참답게 일등국으로 해서 오랫동안 발전되어가고 세계평화(世界平和)에도 기여하리라, 이렇게 생각했기 때문에 저는 지금 그렇게 지내고 있는 것입니다.

왜냐하면 다른 나라 불교는 그 종파성 때문에 상당히 집착을 하고 있습니다. 가령 일본 불교만 두고 본다 하더라도 일본 일련종 계통은 상당히 세력이 강합니다. 일련종 하나만 두고 본다 하더라도 한국 불교 전체보다도 훨씬 더 강합니다.

그런 종파들이 일본에도 많이 있습니다. 그 중 진종은 염불종인데 진종만 두고 본다 하더라도 절의 수가 1만 5천 개가 넘습니다. 거기에 따른 신도는 얼마나 많겠습니까? 양적으로 보아서는 우리가 도저히 따라갈 수가 없습니다.

또 그 사람들은 승려 생활이나 도덕적인 행동을 잘못해서 그러는 것인가? 그렇지도 않단 말입니다.

티베트 스님들이나 스리랑카 스님들이나 그런 스님들은 승려생활도 철저하게 참 잘합니다. 그런데 그들은 앞서 제가 말씀드린 바와 같이 부처님 법을 믿는데 꼭 일불승(一佛乘), 모두가 다 본래로 부처 아님이 없다. 이런 식으로는 잘 믿지를 못한단 말입니다.

어렴풋이 아시는 분도 많이 있겠지요. 그러나 그렇게 생활도 못할 뿐만이 아니라 그들이 이루어 놓은 종교적인 사상체계도 역시 그렇게 뚜렷하게 확실하게 제대로 말씀을 못하고 있단 말입니다. 그렇기 때문에 그들의 종교 생활에 애매모호한 점이 많이 있습니다.

티베트 불교도 여러분들이 잘 아시는 '달라이라마' 성왕이 있지 않습니까. 그는 누구나 숭배하는 린포체 출신 아닙니까. 린포체는 과거 전생에 도인(道人)의 후신(後身)으로서 꼬마 시절부터 성왕의 후계자 대접을 받는 사람입니다.

저번에 한국에서도 그 어린 린포체를 모셔다 숭앙하고 그럽디다만 저는 그런 것을 별로 좋게 생각을 하지 않습니다.

그렇게 할 아무런 필요가 없습니다. 왜냐하면 어느 누구나 다 본래 부처님이란 말입니다. 린포체만 중요한 것이 아니라 여러분 각자 중요하고 위대한, 다 본래에서 보면 부처님입니다.

여러분들이 과거의 위대한 도인의 후신일지, 예수의 후신일지, 공자의 후신일지 누가 압니까.

어느 특수한 누구만 딱 골라서 그 사람만 어려서부터 왕자 같이 그렇게 위할 필요가 없는 것입니다. 기회 균등한 교육을 시켜서 부처를 만들면 되는 것이지 어느 특수한 사람만 그렇게 할 필요가 없단 말입니다.

또 부처님이 그렇게 하라고 하지도 않았습니다. 따라서 저는 그 제도 자체를 좋아하지 않습니다. 부처님 법대로 지키지 않으니까 말입니다.

저는 지금 다른 사람을 폄하하고 비방하고 비판하고자 해서 이런 말씀을 드리는 것이 아니라, 우리 한국불교가 얼마만큼 위대한가, 이런 것을 내세우고 우리 한국불교인들이 자부심을 가지고 공부를 했으면 하는 바람에서 말씀을 드리는 것입니다.

신라(新羅) 원효(元曉; 617~686), 의상(義湘; 625~702), 원광(圓光; ?~630) 대사, 고려(高麗) 대각(大覺; 1055~1101), 보조(普照; 1158~1210) 국사, 지공(指空; ?~1363), 나옹(懶翁; 1320~1376), 태고(太古; 1301~1382) 대사, 이조(李朝) 서산(西山; 1520~1604), 사명(四溟) 대사 등 줄줄이 이어지는 정통 도인들, 그런 도인들은 조금도 안 치우치게 부처님 공부를 다 했습니다.

그 분들은 어디에 조금도 치우치지 않았습니다. 참선(參禪)에만 치우친 것도 아니고, 염불(念佛)에만, 화두(話頭)에만 또는 송주(頌呪)에만 치우친 것도 아닙니다. 불법 자체가 모두 일체존재의 바로 생명 자체이기 때문에 우리 불법은 어디에도 치우치지 않은 것입니다.

여러분들이 흔히 듣는 대도무문(大道無門)이라. 큰 진리는 원래 문이 없단 말입니다. 동쪽 문이나 서쪽 문이나 사방팔방으로 문이 있어서 어느 문으로 들어가든 가운데까지 갈 수가 있겠지요.

조그맣고 어설픈 가르침이야 이것이고 저것이고 거기에 국한되는 것이지, 천지우주가 바로 불법인데 무엇만 좋고 무엇만 좋지 않다, 이렇게 할 수가 없단 말입니다.

진리에 맞지 않는 '이것만 옳고 저것은 옳지 않다', 이런 것은 결국은 참다운 진리가 못되는 것입니다. 앞서 제가 말씀드린 바와 같이 그 일불승이라, 어느 것이나 모두가 다 본래 실상의 참모습을 보게 되면 부처님 아님이 없다, 이렇게 생각하는 것이 가장 궁극적인 부처님의 진수를 맛보는 것임을 깨닫게 되는 것입니다.

그렇기 때문에 그 자리만 떠나지 않으면 됩니다. 가령 우리가 화두를 참구한다 하더라도 화두라는 것은 이른바 천칠백 공안(公案)이라, 그때그때 도인들이 우리한테 부처가 무엇인가? 또는 본래면목이 무엇인가? 우리 참다운 생명이 무엇인가? 이런 화두에 따라서 각기 방편으로 제시가 되었습니다.

'이 뭣꼬' 화두나 '무(無)' 화두나 모두가 다 그렇습니다. 우리 근본 자리, 우리 생명의 본질자리를 가리키고자 해서, 이런 자리를 문제시하여 우리 마음의 나쁜 버릇을 없애고 부처가 되는 데 도움이 되고자 해서 그런 화두가 나온 것입니다.

따라서 앞서 제가 말씀드린 바와 같이 먼저 선행적으로 일체존재가 본래로 부처 아님이 없다, 이렇게 생각을 하여야 화두도 참다운 화두가 됩니다.

가령 우리가 '옴마니반메훔' 같은 주문을 외울 때 그냥 덮어놓고 주문만 외워도 공덕은 있습니다. 그 음(音)이라는 것도 천지우주의 부처님에 따른 음률(音律)이기 때문에 음만 외워도 우리 마음이 정화가 되고 마음이 부처님께 다가서는 것입니다.

그러나 우리 마음으로 부처님자리, 천지우주, 이것이나 저것이나 모두가 다 본래로 부처님의 생명으로 충만해 있다, 어느 것도 부처님 아님이 없다, 이렇게 느끼면서 '옴마니반메훔'을 하여야 참다운 주문(呪文)공부가 되고 그렇게 하면 '옴마니반메훔'만 하여도 참다운 참선(參禪)이 됩니다.

염불(念佛)도 마찬가지입니다. 그냥 '나무아미타불', '관세음보살', '지장보살' 이름만 외워도 공덕(功德)은 됩니다. 왜냐하면 부처님 명호(名號)라 하는 것은 명체불이(名體不二)라, 그 이름과 공덕이 둘이 아니라는 말입니다.

부처님 명호는 이름과 그 본체, 근본정신이 둘이 아니기 때문에 이름만 불러도 부처님의 무한의 공덕이 거기에 묻어서 나오는 것입니다.

그렇기 때문에 '나무아미타불'을 한번 외우면 외우는 만큼 우리 업장(業障)은 녹아지고 우리 마음은 더욱더 맑아지고 밝아지는 것입니다. 그러나 그런 정도는 단순한 주문이고 단순한 염불은 돼도 참선은 못됩니다.

왜냐하면 참선이라고 하는 것은 선행적으로 우리 마음에 헤아림이 없이 이것이나 저것이나 모두가 다 부처 아님이 없다, 천지우주를 오직 부처님이라는 하나의 생명으로 딱 결정(結晶)을 시켜버려야 참선이 되기 때문입니다. 불자님들, 깊이 생각하시기 바랍니다.

　앞으로 여러분들 가운데는 참선 설법을 하시는 분들도 많이 계실 것이고, 여러분들도 많은 책들을 보시며 참선 공부를 하실 것입니다.

　참선은 조금도 에누리가 없는, 방편이 아닌 진리 그대로의 가르침, 진리 그대로의 수행법(修行法)입니다. 그렇기 때문에 우리 마음이 분별시비 하지 않고서 헤아림 없이 오직 생명 자체, 우리 생명의 본바탕인 동시에 모든 생명의 근본 자리인 부처님한테 가서 우리 마음이 머물러 있으면서 공부를 하여야, 그래야 참선입니다.

　화두에는 '똥마른 막대기' 화두도 있지 않습니까. 우리가 생각할 때는 부처님은 거룩한 것이고, 똥이나 그런 것은 더러운 것이다, 이렇게 더러운 것과 깨끗한 것을 구분하는 마음도 불심이 아닙니다.

　우리 중생, 인간 존재가 보아서 아무리 더러운 것이라도 성자가 볼 때는 모든 것을 근본자리에서 봅니다. 근본, 본래에서 보는 것입니다.

　근본성품에서 본단 말입니다. 따라서 근본본질에서 본다고 생각할 때는 어느 것이나 똑같이 일체가 불성(佛性)이고 진여(眞如)이고 진리(眞理)고 또는 부처님입니다.

그런 자리에서 조금도 에누리가 없는 그 근본자리에서 보면 똥마른 막대기도 부처 아님이 없기 때문에 운문(雲門; ?~949)스님한테 '여하시불잇고?', '부처가 무엇입니까?' 하고 묻는 사람은 부처님은 거룩하고 다른 것은 별것이 아니다, 이렇게 구분하는 마음, 차별하는 마음에서 물었겠지요. 운문스님이 '똥마른 막대기다', 제일 더러운 것을 하필이면 성스러운 부처님에 대한 물음에 대답으로 내놓았단 말입니다.

우리가 대승적으로 어느 것이나 부처 아님이 없다는 말을 들으셨을 것입니다. 또는 저한테도 여러분들께도 또 귀가 닳도록까지 많이 들으시기도 하셨을 것입니다. 우리 중생은 지금 부처같이 보이지를 않는단 말입니다.

부처님 말씀은 분명 그렇고 대승으로 본다고 생각할 때는 거짓말을 하지 않는 부처님께서 '모두가 다 본래 부처님이다' 이렇게 많이 듣는다 하더라도 사실 경계를 대하면 미운 사람 미워지고 좋은 사람 좋아진단 말입니다. 그러므로 우리가 공부하는 것입니다.

신해행증(信解行證)이라, 먼저 믿고 해석을 하고 또 실천하고 증명하고 부처님 법은 항상 네 가지 과정을 거치는 것입니다. 그런 과정을 물론 한번에 거치는 분도 있지만 보통은 점차로 거치는 것입니다.

그러나 우선은 믿음으로 해서, 어느 종교나 믿음이 없으면 신앙이 안 됩니다. 신시보장(信是寶藏)이라, 믿음은 정말로 보배 같은 법입니다. 바로 믿으면 자기 마음도 편하고 행동도 바르게 유도가 되는 것인데, 바로 믿지 못하면 도덕적인 행동도 못 따르는 것이고 우리 마음도 항상 불안합니다.

바로 믿는다는 것은 앞서 말씀드린 바와 같이 이 세간적인 믿음이 아니고 또는 소승적인 허망한 믿음도 아닙니다. 부처님께서 보시는 대로 도를 닦은 뒤가 아니라도 지금 이대로 모두가 본래 부처님입니다. 우리가 생각할 때는 나는 지금 못나고 옹졸하므로 부처가 아니겠지? 이것은 우리 중생이 판단하는 자기입니다.

그러나 나 같이 못난 사람도 석가모니 부처님 같은 성자의 맑은 눈으로 보면 너나, 나나, 도둑놈이나, 누구나 다 똑같이 부처님이란 말입니다. 겉은 버릇을 잘못 들여서 도둑놈이 되고 무엇이 되고 했겠지만 그 알맹이는, 본성품은 똑같은 부처님입니다.

성자(聖者)는 본성품에서 따지는 것이고, 중생(衆生)은 겉만 보고 따지는 것입니다. 이런 구분도 확실히 해 두시기 바랍니다. 우리 범부들은 겉만 보고 선악 시비를 가릅니다. 겉은 참말로 허망한 것입니다. 겉은 무상하고, 공이고, 무아인 것입니다.

우리 중생들의 괴로움이 어디서 오는가 하면 무상한 것을 무상하지 않다고 생각하고, 공인 것을 공이 아니라고 생각하고, 본래 무아인 것인데, 나라할 것도 없는 것인데 나는 실존적으로 내가 존재한다, 이렇게 생각해서 괴롭단 말입니다.

무아(無我)에 대해서는 어려우므로 제가 예를 한 가지 들어서 '내가 없다'는 소식에 대해 여러분들의 이해를 도와드리도록 하겠습니다.

물질(物質)은 분석하면 다 원자(原子)가 됩니다. 또 어떤 원자든 분석하면 전자나 양성자 같은 소립자로 이루어져 있습니다. 그 소립자들은 또 쿼크(quarks) 같은 초소립자로 이루어져 있고, 이들 역시 분석하면 에너지(energy)의 작용(作用)밖에는 남지 않습니다. 원자를 분석해 보면 결국은 에너지의 활동만, 정기(精氣)만 남는 것이지 물질은 남지 않습니다.

전자(電子)나 양성자(陽性子)나 그런 조그마한 알맹이를 지금 현대 물리학자들이 증명하려고 합니다. 그 운동(運動)을 알려고 하면 위치(位置)를 잘 알 수 없고 또 위치를 알려고 하면 그 운동(運動)을 알 수가 없단 말입니다.

이것이 이른바 하이젠베르그(W.K. Heinsenberg; 1901~?)의 불확정성원리(不確定性原理)입니다.

일체존재의 가장 근본이 되는 소립자는 이것인가 저것인가 알 수가 없단 말입니다. 그렇기에 아인슈타인의 훌륭한 제자인 하이젠베르그 같은 분도 불확정성의 원리라, 모두가 불확실하단 말입니다.

그리고 전자나 양자를 분석해 보면 무엇인지 확실히 알 수도 없을 뿐만 아니라, 모두가 에너지의 하나의 파동에 불과하단 말입니다.

에너지는 물질이 아닙니다. 우주의 정기란 말입니다. 우주라 하는 것은 에너지로부터 은하계가 생기고, 태양계가 생기고, 지구가 생기고, 달이 생기고 해서 탄생한 것입니다. 지구가 생긴 다음에 우리 중생이 나오고 말입니다.

나중에 오랫동안 몇 100억 년이 지나가면 천지우주는 파괴되어서 다시 텅텅 비어버리는 에너지가 되어버리는 것입니다. 현대 물리학자가 증명을 합니다.

우리 지구도 역시 이대로 항상 있는 것이 아니라 벌써 약 150억 년 전쯤 생겨나서 이와 같이 흘러왔단 말입니다. 장차 다시 이것이 차근차근 쓰레기로 축적되어서 이른바 엔트로피(entropies)라, 다시 활용할 수 없는 에너지가 차근차근 축적되어서 드디어는 다 불타버려서 우주가 텅텅 비어 버린다는 것이 현대 물리학자의 주장입니다.

따라서 물질이라는 것은 앞서도 말씀드린 바와 같이 내 몸을 구성한 것이나 다이아몬드를 구성한 것이나 금을 구성한 것이나 모두가 다 소립자라 하는 물질이 무엇인지 모르는 그러한 에너지의 진동(振動)이 적당히 결합되고 보태고 보태져서 이렇게 내 몸도 되고 다른 것도 되었단 말입니다.

본래 근본이 비었거니 아무리 결합되고 보태고 보태도 내내야 빈 것은 마찬가지입니다. 항상 저는 예를 들어서 말씀을 드립니다만 공(空), 제로(zero)를 몇 번 보태나, 곱하나, 제로는 제로 아닙니까, 공은 공 아닙니까?

그와 똑같이 에너지라 하는 물질이 아닌 것이 어떻게 진동해서 모양은 사람 같은 모양으로, 금 같은 모양으로, 다이아몬드 같은 모양으로 되었다 하더라도 내내야 공은 공이란 말입니다. 이와 같은 과학적 이치로 말씀드려도 잘 모르시는 분들은 실감이 안 나겠지요.

나는 분명히 나이고, 내 모양을 잘 꾸미기 위해서 양복도 기왕이면 값이 비싼 것으로 입고 반지도 몇 개나 끼고 그래야 할 것인데 그런 귀중한 내 몸을 '공이다' 해버리면 참 살 맛이 안 나고 그렇게 생각이 되시겠지요. 그러나 분명히 물리학자가 객관적으로 증명한 것이므로 공은 공이란 말입니다.

여러분들이 공부를 점차 하여 가시면서 마음에 맞는 공부 방법을 찾아 정신을 딱 추스르고 공부를 잘해가시면 차근차근 60킬로그램이 되던 자기 몸뚱이가 50킬로그램도 못되고 또 더욱 분발하여서 공부를 더해 가시면 40킬로그램도 못되고 말입니다.

공부가 익어지면 그때는 아! 이 몸뚱이가 있는가, 없는가 짐작을 못한단 말입니다. 드디어는 몸뚱이가 공중에 뜬 기분입니다. 이렇게 되면 공이라고 하드만 정말로 공이구나 확신을 하시는 것입니다.

도인들같이 참답게 욕심(慾心)을 다 끊어버린 사람들은, 욕심의 뿌리까지 뽑아버린 사람들은 정말로 몸이 하늘로 공중에 뜰 수가 있는 것입니다. 사실 충분히 뜰 수가 있습니다.

부처님 법을 제대로 공부해서 정말로 참다운 도인이 된다면 삼명육통(三明六通)이라, 삼명육통 가운데 신여의통(身如意通)이라, 자기 몸뚱이를 자기 마음대로 할 수가 있다는 것입니다.

죽을 때에 그 장작더미로 자기 몸을 태우는 것이 아니라 자기 몸뚱이 가운데서 삼매(三昧)의 불을 내서 몸뚱이를 태운 분도 한두 분이 아닙니다.

그 분들만 그러는 것이 아니라 이 가운데 계시는 여러분들도 다 그렇게 할 수가 있습니다. 그렇게 하는 것이 자기 생명(生命)을 최선으로 살리는 길입니다. 석가모니(釋迦牟尼)나 삼명육통을 한 도인들이나 지금 우리가 호리불차(豪釐不差)라 조금도 차이가 없습니다. 또 그렇게 생각하는 것이 최상의 행복의 길입니다.

따라서 참선(參禪)을 꼭 하셔야 합니다. 그리고 어떤 사람들은 참선을 한다고들 하는데 나는 참선을 안 하니 열등감이 생기겠지요. 그리고 나는 선방(禪房)에도 못 가는데 어떻게 참선을 할 것인가? 이렇게 걱정을 마십시오. 참선은 꼭 선방에 가서만 하는 것은 아닙니다.

앞서도 제가 언뜻 말씀드린 바와 같이 우리 마음이 본래면목(本來面目)자리, 우리 생명의 본래의 자리가 부처님인데 그 자리에다 우리 마음을 딱 붙이고 그 자리를 여의지 않으면 바로 참선이란 말입니다. 참선방에서 가부좌(跏趺坐)를 틀고 하면 모양은 그럴싸하지만 마음은 이것저것 상대적인 생각을 한다면 참선도 아니고 불법도 아닙니다.

참선(參禪)과 실상관(實相觀)

우리 몸이 어디에 있든지 간에, 직장 생활을 어떻게 하든지 간에, 가령 누워서나 앉아서나 부엌에서나 또는 어느 점포에서 장사를 하든지 간에 우리 마음이 '생명의 실상', 모든 존재의 근본자리인 그 자리에다 마음을 두고서 강인한 의지로 그 자리를 떠나지 않는 공부를 하는 것이 바로 참선입니다.

우리가 염주(念珠)를 헤아리는 것이나 또는 기도(祈禱)를 모시는 것이나 모두가 다 우리 마음이 하마 부질없는 허망한 것 때문에 분별시비(分別是非)를 할까봐서 우리 마음을 딱 모아서 생명 자체에 우리 마음을 귀일(歸一)시키기 위해서 말입니다.

생명자체, 불심을 지향해서 우리 마음이 흩어지지 않게 하기 위해서 기도도 모시고 참선도 하고 염불도 백 번, 천 번 하는 것입니다.

'나무아미타불'이나 '관세음보살'이나 또는 '지장보살'도 모두가 다 부처님자리, 실상자리를 의미하는 것입니다.

그런데 지금 세상을 다니면서 보면 참 딱한 일도 많이 있습니다.

어느 사람들은 꼭 미륵존불(彌勒尊佛)이라, 미륵존불만 해야만 공(功)이 많다, 이렇게 편협하게 말하시는 분도 있고, 어떤 분들은 특히 법화경(法華經)을 믿는 분들은 나무묘법연화경(南無妙法蓮華經)이라, 일본 발음으로 하면 '나무묘호우렌게교'라, 이렇게 해야만 공부가 된다, 그래야만 재수가 좋고 운수가 좋다, 이렇게 고집하신 분들이 있습니다.

이것을 보고 불교에서는 법집(法執)이라, 자기 법에만 집착한단 말입니다. 천지 만법이 바로 부처님인데 부처님 법 가운데서 어떻게 꼭 한 법만 옳고 다른 법은 틀릴 수가 있습니까?

우리가 아직 범부 때는 귀가 얄팍해서 좀 재주 있고 말 잘하는 사람들이 법문을 하면 거기에 쏠려갑니다. 절대로 거기에 끌려 다니지 마십시오.

앞서 말씀드린 바와 같이 부처님 법은 원융무애(圓融無碍)라, 천지 우주가 바로 부처님 법인데, 우주가 바로 부처님 덩어리인데 어떻게 해서 어느 한 가지 이름만 좋단 말입니까. 가령 '지장보살'을 하면 좋고 '관세음보살'을 하면 별 공덕이 없다, 이렇게 할 수가 없단 말입니다.

관세음보살을 오랫동안 하신 분에게도 그것을 그만두고 요즈음 많이들 하는 지장보살을 염하라고 합니다. 불법을 어떻게 믿고 그러는지 저는 도저히 이해를 할 수가 없습니다.

지금은 분산된 것을 모두 통합해서 원융하게 하나의 것으로 뭉쳐야 할 때란 말입니다. 비단 부처님 가르침뿐만 아니라 기독교나 이슬람교나 모두가 부처님 품안으로 우리가 안겨 들어갈 때입니다.

지금 사회에서 선전하는 그런 세계화는, 참다운 세계화를 이루려면 흩어진 진리를 하나로 모아서 참다운 진리로 뭉치는 것입니다. 그래야 참다운 화해(和解)가 됩니다.

우리가 싫든 좋든 간에 후기 산업사회에 와서는 국경은 무너지고 맙니다. 경제적인 면도 국경이 무너지는데 하물며 진리의 본가에 마땅히 국경이 있을 턱이 없습니다. 예수의 말씀이나 공자, 석가모니의 말씀이나 똑같은 우주의 진리입니다.

어느 가르침이나 모두가 다 방편설(方便設)이 있습니다. 그 시대,

그 상황, 그 사람에 따라서 맞는 법문을 한 것이기 때문에 그런 것은 하나의 방편설입니다. 그렇기 때문에 우리가 그 가운데서 방편설을 떠나서 알맹이만 간추려 지금 하나가 될 때입니다.

그런데 하물며 부처님 가르침 가운데서도 어느 부처님은 공덕이 더 많고 어느 것은 공덕이 낮다 또 신장기도만을 모셔야만 복이 있다고 합니다. 지금은 그런 때가 아닙니다. 불자님들, 꼭 깊이 생각을 하시기 바랍니다.

여러분들께서는 꼭 정답게 부처님 공부만 믿으셔서 외도를 닦지 마시고 앞서 제가 말씀드린 바와 같이 부불법외도(附佛法外道)라. 모양은 불교인 같은 모양을 하지만 사이비 불도란 말입니다. 이런 것은 공덕이 없습니다. 자기의 소중한 인생을 낭비하는 것입니다.

진리는 명상(名相)을 떠나 있다.

부처님은 모양이 있는 것도 아닌 것이고 또한 어떠한 이름이 본래 있는 것도 아닙니다. 다만 그때그때 중생의 그릇에 따라서, 부처님의 그 광대무변(廣大無邊)한 생명자리에서 공덕(功德)을 따라서 잠시 이름이 붙는 것입니다.

전체적으로 총체적인 총 대명사는 '아미타불(阿彌陀佛)'이고, 또 부처님을 자비로운 쪽으로 보고 말할 때는 '관세음보살(觀世音菩薩)', 또 지혜로운 쪽으로는 '문수보살(文殊菩薩)', 우리 중생의 영혼(靈魂)을 극락세계(極樂世界)나 천상세계로 인도할 때는 '지장보살(地藏菩薩)', 이러는 것이지 따로 따로 뿔뿔이 흩어져 있는 것이 아니란 말입니다. 그때는 원시종교(原始宗敎)란 말입니다.

'명상(名相)을 떠난다' 라는 이 말씀을 꼭 기억해 두십시오. 이름 명(名), 서로 상(相) 말입니다. 진리는 이름과 상을 떠나는 것입니다. 이름과 상을 못 떠나면 그것은 범부(凡夫)입니다.

소승도 이름과 상을 떠나는 것인데 하물며 불법의 그런 정수인 대승을 믿는 분들은 꼭 허망한 이름과 상을 떠나야 됩니다.

금강경(金剛經)의 핵심도 나라는 상(我相), 너라는 상(人相), 중생상(衆生相), 수자상(壽者相)을 떠나라는 것입니다. 상이 있으면 범부고 상이 없으면 성자입니다.

제 마음 같아서는 모두가 다 '나무아미타불(南無阿彌陀佛)' 만 했으면 한단 말입니다. 세상은 바쁘고 또 이름이 달라지면 사람들끼리도 서로서로 마음이 갈라질 수가 있겠지요.

기독교는 다행히 '오, 주여!' 라고 한 분을 하므로 좋은데 불교는 너무나도 이름이 많아서 가르치는 분마다 자기 개성 따라서 가르치므로 혼란이 온단 말입니다.

현명하신 여러분들은 잘 판단하셔서 될수록 그런 쪽으로 하시기 바랍니다. 나무아미타불을 하면서 기도를 모신다고 기도가 적겠습니까? 공이 적겠습니까?

참선을 꼭 하시기 바랍니다. 참선을 해야 바른 불자가 됩니다. 참선은 앞서도 말씀드린 바와 같이 선방에 가부좌를 틀고 앉아야 참선이 되는 것이 아니라 우리 마음의 소재가 우리 마음이 부처님, 부처님이라 하는 생명의 실상, 생명의 그 본질에 머물러서 다른 허튼 생각을 하지 않으면 그것이 참선입니다.

제 아무리 모양 좋게 한 철 선방에 가서 공부해서 공부 잘했다, 하더라도 분별시비하고 '자기'라는 것에 걸린다면 이것은 참선이 되지 못합니다.

이렇게 말씀드리면 또 한 가지 의심을 품으실 것입니다.

아! 그렇게 해버리면 무슨 재미가 있는가 하고 말입니다. 아내는 아내가 되어야 더 정이 있고 남편은 남편이 되어야 할 것인데 다 부처님 같이 보게 되면 무슨 재미가 있을 것인가? 또는 사업도 해야 되고, 별일을 다 해야 될 것인데 그래버리면 무엇이 될 것인가?

이렇게 의심을 품으실 것입니다만 사실은 그 사실을 사실대로 보아야 훨씬 좋습니다. 자기 아내한테도 부처님같이 대한다고 생각하면 절도 있게 너무 지나치게 사랑하지 않고 말입니다. 절도 있게 대할 수가 있습니다. 아들한테나 누구한테나 다 마찬가지입니다.

자기 아들을 자기 소유물같이 함부로 대하는 사람들이 많이 있는데 아들을 부처님같이 대한다면 아들을 사랑하지 말라 해도 누가 사랑하지 않을 수 있겠습니까.

아들같이 사랑하면서 아들이면서 부처님이란 말씀입니다. 아내는 아내이면서 부처님이란 말씀입니다. 이렇게 형상은 비록 아내고 남편이지만 그러나 본바탕은 다 부처님 아닙니까.

사업을 하나 또는 같이 당(政黨)을 하나 말입니다. 정치를 하나 어떤 분야나 마찬가지입니다. 상대편이 대립적으로 우리 인연 따라서 내가 되고 네가 되었다 하더라도 겉은 그렇지만 참다운 알맹이는 똑같은 부처님이 아닌가, 이렇게 생각할 때 인간관계가 제일 좋은 것입니다. 자기한테나 남한테나 제일 좋은 것입니다.

부처님한테 가는 길은 절대로 고통스러운 길이 아닙니다. 사실은 성불(成佛)하는 길이 저는 항상 제일 쉽다고 생각합니다. 이 세상에서 가장 좋은 생각이 무엇인가? 가장 위대한 분이 누구인가? 또는 우리 생명의 근본 고향이 무엇인가? 이것이 바로 부처님이란 말입니다.

따라서 부처님을 생각하는 것은 바로 우주의 법도에 우주의 질서에 바로 따르는 것입니다. 우리가 본래로 내가 없는 것인데 나는 나다, 나의 행복을 위해서는 다른 사람들은 불이익을 당해도 무방하다,

이런 때는 벌써 우주의 도리에 빗나갑니다.

따라서 자기 마음도 불안한 것입니다. 남한테 베풀 때에 우리 마음이 얼마나 좋습니까? 우리가 비양심적인 짓을 하게 되면 우리 마음은 그만큼 불안하고 어두워집니다.

그 얼굴도 어두워집니다. 남한테 자비를 베풀고 사랑을 베풀 때에 그 얼굴은 벌써 그 표정도 빛나는 것입니다.

부처님 법에 따르는, 우주의 도리에 따르는 것은 앞서 말씀드린 바와 같이 내 건강을 위해서나 내 마음의 건강을 위해서나 다른 사람과 화해를 위해서나 우리 민족을 위해서나 가정을 위해서나 어느 분야로 보아도 제일 좋은 방법입니다.

현대는 인간성(人間性)의 부재(不在)라, 이 세상이 혼란스럽고 서로 싸우고 죽이고 하는 것은 인간성의 상실이다 또는 가치관의 부재다, 이런 말씀을 누구나가 다 쓰지 않습니까.

그러면 어떠한 것이 참다운 인간성일까? 어떠한 것이 참다운 가치관일까? 이렇게 반문해 들어가면 확답을 잘 못 할 분들이 많이 있습니다.

정말로 부처님 인생관, 부처님 가르침 같은 참다운 인간관, 부처님 가르침 같은 참다운 진리에 따르는 가치관, 이것만 제대로 선다면 정치나 경제나 문화나 어떠한 면이든 최상으로 바르게 발달이 됩니다.

하나의 문학 작품을 낸다 하더라도 '아! 모두가 다 부처님 아님이 없다', '바람소리나 물소리나 다 부처님 법문 아님이 없다' 라고 느끼셔야 합니다.

당나라의 위대한 시인 소동파(蘇東坡)가 깨달은 때도 역시 '산의 모습은 부처님 법신, 부처님의 몸 아님이 없고, 흘러가는 시냇물 소리는 부처님의 설법소리 아님이 없다', 이렇게 느꼈단 말입니다.

소동파 같은 중국 북송(北宋)시대의 시인뿐만 아니라, 우리 마음이 맑아지면, 여러분들 한 번 해보십시오. 나무아미타불(南無阿彌陀佛)! 관세음보살(觀世音菩薩)! 염불을 수만 번 해보십시오. 그러면 자기도 모르는 가운데 마음이 고요해집니다.

그래서 자기 집 근처에 시냇물이 흘러가면 그 시냇물 소리가 틀림없이 염불소리로 들려옵니다. 비록 시냇물이 없다 하더라도 그냥 바람소리가 들려와도 그 바람 소리가 그 신묘한 음악소리로 들려옵니다.

그런 바람소리나 물소리나 좋은 소리뿐만 아니라 나쁜 소음도 공부가 되어 놓으면 그 나쁜 소음공해까지도 정화가 되어서 아주 신묘한 멜로디로 우리한테 들립니다.

행복(幸福)으로 가는 길은 다른 길은 절대로 없습니다. 무수한 성자(聖者)들이 순교(殉敎)도 하고 또는 신명을 바치고서 우리 인간에게 탄탄대로(坦坦大路)를 열어주신 성불의 길, 성자가 되는 길, 그 길 이외는 절대로 참다운 행복, 참다운 자유, 참다운 평화는 없습니다.

이것은 우리 인류가 지금까지 다 경험했습니다. 검증(檢證)을 다했습니다. 그러나 그렇더라도 부처가 되고 성자가 되는 길이 굉장한 어려운 길이 아닌가? 이렇게도 생각을 하신단 말입니다. 방금 제가 말씀드린 바와 같이 절대로 어려운 길이 아닙니다.

여러분들, 지금 몸이 어디가 아프신 분도 많이 계시겠지요. 그러나 정말로 여러분들께서 내 생명의 본성품은 모든 것을 갖춘 만능(萬能)을 갖춘 부처님이다, 이렇게 온전히 생각하면 여러분들 그 잔병이 그냥 즉시에 똑 떨어지는 것입니다.

저는 어제 대구(大邱)를 갔다 왔는데 그 곳에서 어느 처사님이 허리가 아프다고 절을 잘 못한단 말입니다. 그래서 저는 그분한테

"당신은 지금 정말로 만능의 힘을 감추고 있습니다."

이런 말씀을 몇 번 드렸더니

"대저 허리가 아프지 않습니다."

하는 것입니다. 과장인가 모르겠습니다만 저는 틀림없이 과장이 아니라고 생각을 합니다.

정말로 그렇습니다. 우리 마음은 신비 부사의(不思議)한 것입니다. 본래 부처이기 때문에 자비(慈悲)나 지혜(智慧)나 행복(幸福)이나 능력(能力)이나 모든 것을 다 완벽하게 갖추고 있습니다.

우리 마음은 완벽하므로 우리 마음을 100% 믿으면 어떤 분야에서나 우리 인간의 생명을 최선으로 살리는 것입니다.

세상을 보면 별 것도 아닌 것 가지고 고생을 하는 분들이 많이 있습니다. 그러나 정말로 바로 믿으면 앞서 제가 말씀드린 바와 같이 신시보장 제일법(信是寶藏 第一法)이라, 보배 가운데 제일 큰 보배가 부처님 가르침, 천지우주의 생명을 바로 믿는 것입니다.

바로 믿으면, 부처님을 한번 외우면 한번 외운 만큼, 부처님 생각을 한번 하면 한만큼 우리 몸과 마음은 빛나는 것입니다. 우리 부처님은 바로 우주에 충만한 광명(光明)입니다. 우주에 충만한 빛입니다. 그렇기 때문에 부처님을 한번 외우고 한번 생각을 하면 우리 몸이나 마음이나 그만큼 빛나는 것입니다.

여러분들, 염불하시고 거울을 한번 보십시오. 훨씬 달라집니다. 다른 사람을 부처같이 생각을 하고 염불해가시면서 거울을 보시면 정말로 차이가 있습니다.

건강과 우리 마음과 절대로 둘이 아닙니다. 우리 마음이 차근차근 밝아지고 차근차근 표정이 더 빛나고 그러는 것입니다.

제 뒤에 계시는 부처님을 보십시오. 금색으로 만들어 이렇게 장엄하게 모시는 것은 부처님은 본래 생명의 빛으로 우주에 충만해 있기 때문입니다.

우리 마음은 모양이 없지만 하나의 훤히 빛나는 만능을 갖춘 바로 광명입니다. 그러한 소중한 우리 마음을 두고서 우리는 다른 데로 갈 수가 없습니다. 본래 부처한테서 와서 부처한테로 가는 것이 우리입니다.

우리 광주에 계신 여러분들께서 정말로 부처님 법을 외도로 믿지 마시고 온전히 믿으시기 바랍니다. 여러분들께서는 남을 원망할 일도 많이 있겠지요. 더러는 억울한 일도 당하고 계시겠지요.

그러나 그런 것은 모두가 인연(因緣)을 따라서 허투루 겉만 허망한, 겉만 잘되고 못되고 그러는 것이지 설사 내 아들이나 내 딸이나 내 동생이나 내 친척 가운데서 누가 억울하게 죽임을 당했다 하더라도 이것도 허망한 상입니다.

인연을 따라서 다 그러는 것입니다. 바로 살다 가셨으므로 죽자마자 좋은 쪽으로 생을 받습니다.

광주는 빛나는 고을 아닙니까. 명실공이 광주가 빛나는 고을이 되기 위해서는 부처님 법을 따라야 합니다. 부처님 법을 따르기 위해서는 모든 사람을, 내 부모를 죽인 사람이라 하더라도 다 용서하고 말입니다. 부처님같이 보면 그때는 정말로 우리 광주가 빛이 납니다. 다른 묘방은 절대로 없습니다. 이것은 무수한 성자들이 다 검증한 길입니다.

불자님들, 꼭 부처님 법을 스스로 닦아서 바로 믿으시면 우리의 가정도 부처님 법으로 빛나고 우리의 광주도 꼭 빛나는 고을이 되어서 한국불교가 틀림없이 세계에서 가장 빛나는 진리로 인해 세계 사람들이 다 우러러보고 신앙하게 될 것입니다.

우리 한국은 비록 분단의 조국이지만 틀림없이 우리 한국이 세계적으로 진리의 선진국이 꼭 되리라고 저는 확신합니다. 우리 광주가 그 근본 본거지가 되고 진리의 발상지가 되도록 해주실 것을 간절히 바라면서 오늘 산승의 법을 마칩니다.

나무아미타불! 나무아미타불! 나무아미타불!

七. 무아(無我)

참되고 있는 것은, 우리 중생이 보는 것이 허망한 것이지, 성자가 깨달아서 보면 모두가 다 부처님뿐이란 말입니다. 중생은 가상(假相)에서 보고 깨달은 분들은 실상(實相)에서 봅니다.

이러한 장엄법당에서 우리 불자님들과 만난 인연에 대해서 대단히 감사하게 생각합니다. 무상사(無相寺) 낙경(樂境) 개원에 대해서 진심으로 봉축합장을 드립니다.

무상사가 개원되기까지 성우화상을 비롯해서 여러 동참하신 불자님들께 진심으로 치하와 감사의 합장을 올립니다.

여러분들께서도 아시는 바와 같이 부처님 법은 망상이나, 또는 허상이나, 그러한 잘못된 상이 있으면 범부고 외도입니다.

그러한 허망상이 없이 참다운 실상(實相)을 깨달으면 이른바 성인

172

이고 부처고 그러는 것입니다.

범부와 성인과의 차이는 아주 그야말로 부처님 사자후(獅子吼; 부처의 설법을 사자의 우렁찬 소리에 비유한 말)같이 결정적으로 명확합니다. 그러나 본래면목자리에서는, 본래 실상자리에서는 모두가 다 하나의 완전무결(完全無缺)한 성품의 생명뿐입니다.

그렇기에 대승기신론(大乘起信論)의 말씀에도 '심진여자(心眞如者) 즉시일법계(卽是一法界) 대총상법문체(大總相法門體)'라.

무슨 말인고 하면 우리 마음의 본래면목(本來面目)자리, 우리 마음의 본래면목자리는 바로 우주의 근본실상자리입니다.

여러분들이 아시는 바와 같이 부처님 가르침은 일체유심조(一切唯心造) 아니겠습니까. 모두가 다 사실은 마음뿐이란 말입니다.

더구나 세상이 이 유물주의 풍조, 내 몸뚱이도 물질이고 또는 우리 주변의 대상적으로 보이는 모두가 다 물질뿐 아닙니까.

그 물질 때문에 싸우고 죽고 여러 가지로 갈등이 일어나지 않습니까. 그러나 사실은 그 물질이라는 것이 존재하는 것이 아닙니다.

우리 불자님들, 분명히 느끼시기 바랍니다. 물질은 존재하는 것이 아닙니다.

어째서 존재하지 않는가. 부처님의 가르침은 이유가 없이, 논리적인 철학적인 그러한 이유가 없이 그냥 덮어놓고서 이것이다, 저것이

다 말씀을 안 하십니다.

부처님은 결정설(決定說)이기 때문에 꼭 사실을 사실대로 그때그때 말씀을 하십니다. 그 말씀이, 방금 제가 아까 말씀드린 바와 같이 물질은 절대로 존재하지 않는다는 것입니다.

내가 이와 같이 존재하고 주변이 다 물질뿐인데 왜 존재하지 않는가, 당연히 그런 의심을 품을 수가 있겠지요.

그러나 나라는 것 자체가 인연을 따라서 잠시 우리가 잘못 느껴서 있는 것같이 보이는 것이지, 나라는 것 자체가 사실은 없는 거란 말입니다.

나라는 것을 긍정해버리면 부처님 가르침이 아닙니다. 외도와 부처님 가르침과의 차이도 가장 중요한 것은 우선 나라는 것이 없다는, 없을 무(無), 나 아(我), 무아(無我)로부터 출발한단 말입니다.

우리 중생들은 자기평생 나라는 그런 관념, 나라는 짐 때문에 끙끙 앓고 있습니다. 내가 있기 때문에 내 남편도 있고, 아내도 있고, 자식도 있고 또는 내 재산도 있고, 모두가 '나'라는 관념 때문에 우리가 웃고 울고 그때그때 분노로 싸우지 않습니까.

그런데 '나'라는 것이 잠시간 인연이 화합돼서 잠시 있는 것처럼 보이는 것이지 실제로 있는 것이 아닙니다. 이른바 무아(無我)란 말입니다.

ㅁ) 何故오 無我인가 하면 一切가 因緣生 起 故

起함으로써 一切法은 時間的으로 보면 無常이며 空間的으로 보면 無我이다.

諸行無常 諸法無我 空이 緣起의

諸行이 因心을 緣起이며 諸法의 立場에서 그리고

自他相이 無住相의 大行이다.

靜的 立場에서 刹那

涅槃寂靜이

이 努力하는 宗教的 生活인 것이다.

175

우리 불자님께서 무아라는 관념에 대해서 그냥 쉽게 납득이 안가
시더라도 무아가 부처님 말씀이고 내가 있다는 것은 이것은 하나의
망념에 불과하다, 이렇게 생각하시고서 두고두고 무아에 대해서 아
주 깊이 천착하고 연구를 하셔서 정말로 무아라, 정말로 내가 없다고
생각하면 만사가 태평입니다.

저는 지리산 한 토굴에서 한 철을, 겨울을 지냈어요. 이것저것 다
뿌리치고, 남 좋아하고 싫어하는 생각 다 뿌리치고 오로지 공부만 하
겠다는 그런 맘으로, 이렇게 쌀을 물에 담가서 먹고 지냈습니다. 그
러는 가운데서도 그렇게 제 나름대로는 고행(苦行)을 했던 것인데 그
런 가운데도 아(我)라는 관념이 사라지지가 않아요.

좋은 사람 좋게 생각되고 싫은 사람 싫게 생각되고 한단 말입니다.

그래서 그냥 미친 듯이 붓으로 벽에, 벽이 다 검게 될 정도로 무아,
무아, 무아, 무아…, 하여튼 수만 번을 썼습니다.

그래도 그 아(我)라는 관념이 사라지지가 않아요. 그런다고 업장
(業障)이 있는데 사라지겠습니까.

아까 말씀드린 바와 같이 아(我)라는 생각을 떨쳐버리지 못하면 이
것은 범부외도입니다. 무아(無我)라는 관념을 우리가 명신불지(明信
佛智)라, 확실히 우리가 새기고 느끼고 또 몸으로 우리가 구현을 해
야 그래야 참다운 불자입니다.

어째서 무아인가 하면 아까도 얼핏 말씀을 드렸습니다만 각 인연(因緣)이 잠시 합해져 있는 것 같단 말입니다.

그러나 제행(諸行)이 무상(無常)이라, 제행이 무상이라는 말은 그냥 모두가 그야말로 섭섭하다, 슬프다, 그런 감성적인 말이 아니라, 투철히 과학적이고도 철학적인 논리입니다.

제행이 무상이라, 모두가 그때그때 변화해서 마지않는단 말입니다. 똑같은 것은 아무것도 없습니다.

어느 순간도 일 초의 몇 천 분의 일순간도 우리 세포는 그때그때 신진대사해서 그냥 변화하고 있습니다. 일 초 전과 일 초 후의 우리 세포가 지금 똑같은 것이 아닙니다.

다만 우리가 미처 그것을 느끼지 못할 뿐입니다. 변화를 느끼지 못할 뿐이지 어떤 존재나 우리가 금쪽같이 아끼는 우리 몸뚱이나 대상화시키는 모든 존재가 다 그렇습니다.

그렇기 때문에 나라는 것만 없는 것이 아니라, 우리 눈에 보이는 대상 모두가 너도 없고 산도 없고 물도 없고 모두가 다 바로 보면 없습니다.

그렇기에 제법공(諸法空) 아닙니까. 색즉공(色卽空)이라. 색은 물질을 말하지 않습니까. 눈에 보이는 것은 모두가 다 물질 아닙니까. 그러는 것이 모두가 본래 공이란 말입니다.

생각을 잘못한 사람들은 원자로 분석하고 보다 더 미세한 소립자로 분석하고 그러면 종당에는 공이 되지 않는가. 이렇게 해서 공을 생각하는 사람이 있습니다. 그러나 이렇게 분석해서 쪼개고 쪼개서 나중에 공이 되는 것이 아니라, 당체(當體)가 즉공(卽空)이라, 그대로 바로 공이란 말입니다.

우리 중생의 까막눈으로 보니까 있는 것 같이 보이는 것이지 정견(正見)으로 본다고 생각할 때는 당체가 즉공이라, 색즉공이라.

색즉공은 아까 말씀드린 바와 같이 분석해서 종당에 공이 되는 것이 아니라, 그 물질 그대로 공이란 말입니다.

다만 우리 중생의 지각능력(知覺能力), 우리 중생의 지각능력이 바로 보지 못해서 그럴 뿐인데, 하면 제행(諸行)이 무상(無常)이라, 모든 존재가 그때그때 변화무상한 것이고 어느 순간도 머무름이 없기 때문에 공간적으로 볼 때 제법이 공이란 말입니다.

우리 불자님들, 아까도 말씀드린 바와 같이 부처님 가르침은 철두철미하게 과학적이고 철학적입니다. 그러나 거기에 그쳐버리면 또 참다운 불법이 못됩니다.

열반적정(涅槃寂靜)이라, 공이 아닌 참다운 실상세계(實相世界), 이 무상사(無相寺)의 이름같이 모든 상은 다 허망한 것인데 참말로 허망하다는 것을 깨달아버리면 그때는 알맹이는 중도실상(中道實相)

이라.

아까 제가 기신론을 언급해서 말씀을 드렸습니다만 그 허망상(虛妄相), 가상만 떠나버리면 결국은 그야말로 진여(眞如)란 말입니다. 진여불성(眞如佛性)입니다.

우리가 허망하다는 생각만 가지고서 거기에 집착하면 그때는 불교가 허무주의가 되겠지요.

그러나 우리 부처님사상은 가장 행복하고 가장 충만하고 불가사의하며 그러한 가르침이 부처님의 가르침입니다.

따라서 참말로 있는 것은, 우리 중생이 보는 것이 허망한 것이지, 성자가 깨달아서 그러한 안목으로 본다고 생각할 때는 모두가 다 부처님뿐이란 말입니다. 중생은 가상(假相)에서 보고 깨달은 분들은 실상(實相)에서 봅니다.

우리 중생은 상만 보고, 상을 떠난 그러한 성자의 안목에서는 영원한 생명에 충만해 있는, 아까 말씀드린 바와 같이 모두가 다 진여불성이란 말입니다.

불교만 그런 것이 아니라 과거의 성자는 다 그렇습니다.

우리가 기독교를 생각할 때는 하나님이 창조하고, 아담과 이브를 흙을 주물러서 하나님이 만들고, 이런 이야기에 따르면 창조한 하나님과 창조를 당한 자연과 이렇게 두 갈래로 나누어지지 않습니까. 이

두 갈래로 나누어지는 이원적(二元的)인 사고(思考)는 굉장히 불행한 사고입니다.

우리 개인의 마음도 항상 불안하고 또는 그런 사고로 해서는 불교에서 말하는 모두가 다 평등무차별(平等無差別)이라, 그런 논리가 나올 수가 없어요.

생각해 보십시오. 창조한 하나님이 따로 있고, 창조된 자연계가 따로 있고, 질적으로 다르지 않습니까.

부처님 가르침은 허망상을 떠나서 참다운 실상, 중도(中道)의 실상을 우리가 깨닫는 데 그 뜻이 있습니다. 그렇게 하기 위해서는 어떻게 하는 것이 가장 효과적인 공부방식인가, 이런 것이 문제가 되지 않겠습니까.

부처님 가르침은 꼭 논리적으로, 과학적이고 철학적인 논리로 먼저 다 밝힙니다. 사제법문(四諦法門)이나 팔정도(八正道)를 보나 다 그렇습니다.

어떤 면으로 보나 조금도 모순이 없는 그러한 부처님의 가르침인지라, 과거뿐만 아니라 지금 현재나 미래나, 세계 모든 문제를 원만히 해결하는 데도 부처님 가르침이 아니고서는 도저히 해결할 방도가 없습니다.

그래서 우선 인식론적으로 천지우주가 모두가 다 하나의 생명이

다, 그런 도리를 알아야 한단 말입니다.

그걸 가리켜서 불교에서 해오(解悟)라, 해오는 풀 해(解), 깨달을 오(悟), 해오라, 이론적인 차원에서는 조금도 막힘이 없이 어느 것은 체(體)이고, 어느 것은 용(用)이고, 이른바 체용성상(體用性相)을 깨닫는단 말입니다.

이렇게 돼야 우선 우리 마음이 안심(安心)이 됩니다. 우리 마음의 불안 의식을 해소시킬 수가 있습니다.

그러나 그걸로 해서 참다운 깨달음은 되지 못하니까 참다운 자리, 진여불성자리, 상(相)이 없는 자리를 우리가 깨닫기 위해서, 상이 없는 자리와 하나가 되기 위해서 이른바 증오(證悟)를 해야 합니다. 증명할 증(證), 깨달을 오(悟), 말입니다.

천지가 진여불성 같으면 우리 스스로가 진여불성이 돼야 하지 않겠습니까.

그런 증오를 하기 위해서는 그냥 그렁저렁 해서는 안 됩니다.

우리가 금생도 업(業)을 많이 짓고 또는 금생에 우리가 사람으로 태어났으면 과거 숙세에도 무수생 동안에 나고 죽고 나고 죽고 이렇게 윤회(輪廻)를 합니다.

그런 가운데서 지은 업장(業障)이 굉장히 많습니다. 업장은 일조일석에 다 해소가 안 됩니다. 두고두고 차근차근 닦아나가야 하는데,

다만 업장이 무거운 분들은 좀 더딜 것이고 업장이 가벼운 분들은 좀 쉽게 업장을 없애고 그러시겠지요.

그러나 가장 중요한 것은 먼저 논리적으로 논리정연하게 현대의 모든 학문적인 체계와 조금도 대치가 안 되면서 그것을 도리어 지도하는 그런 입장에서….

아까 제가 말씀드린 해오(解悟)라, 풀 해(解), 깨달을 오(悟), 이치로는 먼저 알아야 한단 말입니다.

그렇게 해놓고서 우리가 참말로 바른 우리 생명의 본고향자리, 그 자리에 가기 위해서는 두고두고 공부를 해야 할 것인데, 그런 공부도 물론 사람에 따라서 빠르고 더딘 차이는 있다 하더라도 어떠한 공부가 가장 하기 쉽고 제일 빠를 것인가를 우리가 생각해볼 필요가 있지 않습니까.

상(相)을 떠나버린 위대한 분상에서 본다고 생각할 때는 다 똑같습니다.

똑같으나 우리 중생들은 상(相) 속에, 이 상이라는 허상 속에 살고 있어놔서 상을 여의기 위해서는 자기한테 맞는 방법이 필요하고, 그래서 부처님께서나 위대한 그런 선지식(善知識)들이 그때그때 중생의 근기(根機)에 따라서 여러 가지 방편을 많이 말씀하셨습니다.

용수보살(龍樹菩薩)이란 분은 '제2의 석가'라고 할 정도로 위대한 분 아닙니까. 마명대사(馬鳴大師)가 대승불교의 할아버지고, 용수보살이 대승불교의 아버지라는 그런 말씀이 있을 정도로 대승불교는 용수보살 때 대체로 체계가 많이 잡혔습니다.

용수보살이 지으신 책 가운데서 「십주비바사론(十住毘婆沙論)」이라, 「십주비바사론」이라는 책이 있어요.

그 책의 이행품(易行品)이라. 이행품은 쉬울 이(易), 행할 행(行), 기왕이면 우리 중생이 누구나 다 아주 고도한 업장이 가벼운 사람뿐만 아니라 어느 누구나가 다 공부하고 쉽게 통할 수 있는 그런 법이 없을 것인가, 이래서 용수보살이 선택한 법문이 아까 제가 말씀드린 바와 같이 십주비바사론 가운데 이행품(易行品)입니다. 쉬울 이(易), 행할 행(行), 즉 말하자면 하나의 법문이란 말입니다.

우리가 공부할 때는 과거세에 우리가 어떻게 공부했던가, 과거세에 우리 업장이 어느 정도인가 또는 지금 현재 인연은 어떠한 것인가, 이런 것을 감안해서 공부를 선택해야 되겠지요.

그래서 이미 선택이 되어서 공부가 순탄하게 잘 되실 분들은 용수보살께서 말씀하신 이행품, 쉽게 행하는 그런 법문을 참고할 필요가 없습니다. 왜냐하면 상을 떠나면 그 자리에서는 쉽고, 쉽지 않고, 그런 차별이 없단 말입니다.

하나님을 그렇게 독실하게 믿고 천지우주가 하나님뿐이고 나도 본래는 하나님이다, 이럴 정도로 이론적으로 굳게 믿는 사람들은 그때는 '하나님'을 하시면 좋습니다.

또 화두공안(話頭公案)을 들어서 화두공안에 마음이 온전히 통일되고 다른 잡념 없이 공부가 잘 되는 분들은 '무(無)' 화두나, '이 뭣꼬(是甚麼)' 화두나 그렇게 들고 하셔도 좋습니다. 본래는 다 하나의 자리니까 말입니다.

그러나 일반적인 차원에서는 역시 보통 보편적으로 좀 쉬운 법이 있고 어려운 법이 있단 말입니다.

그것이 용수보살의 십주비바사론 이행품인데, 부처님을 생명(生命)으로 우리가 수용한단 말입니다. 부처님만 생명이 아니라 사실은 불교에서 본다고 생각할 때는 천지우주가 모두가 다 생명뿐입니다.

유정무정(有情無情) 모두가 다 생명 아님이 없습니다. 천지우주는 불교식으로 말하면 부처님의 생명으로, 기독교식으로 말하면 하나님의 생명으로 충만해 있단 말입니다.

천지우주는 모두가 다 진여불성뿐인 것이고 또 기독교식으로 말하면 천지우주가 모두가 다 하나님뿐이란 말입니다.

지금 현대란 사회는 우리가 함부로 다른 성인들 가르침을 비방한다거나 또는 섣부른 비판을 해서는 안 됩니다.

우리는 다행히 모두를 다 하나의 진리로 수용할 수 있는 부처님 가르침을 배우고 있어서 다른 종교를 믿는 사람들은 어떻게 하든지 우리가 배우는 부처님 가르침은 원만하게 모두가 다 하나의 진리로 봅니다. 하나의 생명으로 봅니다.

따라서 부처님은 바로 우주생명입니다.

모두가 다 부처님 아님이 없다, 모두가 다 신(神)이 아님이 없다, 이런 것이 이른바 철학적으로 말하면 범신론(汎神論) 아닙니까. 넓을 범(汎), 귀신 신(神), 범신론이라.

우리 불자님들께서 조금 어려우셔도 기본적인 논리나 철학은 가지셔야 됩니다. 지금 세상이 모두 철학의 빈곤이라, 철학의 부재라, 그런 말을 쓰지 않습니까.

관리나 누구나 대통령이나 어느 사람이나 기본적인 철학이 필요합니다.

철학이 무엇인가. 모든 존재의 근원을 의미한단 말입니다.

천지우주(天地宇宙)는 진여불성(眞如佛性)뿐인데, 잘나나 못나나 도둑놈이나 어느 사람이나 결국은 우리가 본래 성품으로 본다고 생각할 때는 다 진여불성이란 말입니다. 다 부처님이란 말입니다.

이렇게 생각하고서 정치도 하고 또는 법을 집행해서 남한테 벌을 주고 할 때도 본래 하나의 생명이란 것을 알고 해야 그때그때 오류를 범하지 않습니다.

소중한 사람의 그런 존엄인데, 인간이 존엄스럽다는 것은 우리 인간 자체의 생명이 어느 누구나 다 개개원성(箇箇圓成)이라 모두가 다 부처님이란 말입니다.

따라서 어느 죄인을 심판할 때도 우리는 "저 사람은 죄를 지었으니까 마땅히 거기에 상응되는 벌을 받고서 고생을 해야 된다", 이러면 그것은 철학이 없는 소리입니다.

어떤 사람도 그 본래마음은 부처입니다. 인연 따라서, 악연(惡緣)을 만나서 과거 숙세에 무수생(無數生) 동안에 자기가 지은 업장을 따라서 금생에 나쁜 짓하는 것같이 보이는 것이지 실상은 모두가 다 부처님입니다.

따라서 그렇게 알아야 실상(實相)을 알아야 이른바 철학을 안다고 할 수 있지요.

그래서 어느 것을 하든지 간에 다른 사람의 아버지가 되나 어머니가 되나 어느 입장에서든지 꼭 그렇게 알고 하시는 것이 가장 효과적이고 자기인생을 행복으로 유도하는 길입니다.

우리가 농사를 짓는다 하더라도 그래요. 한포기의 벼 또는 사과 한

개 모두가 다 그냥 그것이 물질이 아닙니다. 모두가 다 우주 생명의 한 뭉치란 말입니다.

우리가 부처님 법이 연기법(緣起法)이라, 이렇게 말씀을 하지 않습니까. 인연을 따라서 잠시 이루어진 법입니다.

연기법이란 것은 그냥 보통 이것과 저것과 인(因)과 연(緣)이 합해져 이루어졌으니까 고유한 것이 없다, 이런 정도가 아닙니다.

연기법의 가장 시초 원인이 무엇인가, 연기법의 줄거리를 이렇게 더듬어 올라가면, 차근차근 올라가면 끄트머리는 무엇이 돼버리는 것인가, 그것이 바로 진여법성(眞如法性)입니다.

어떠한 것이나 그 본래적인 자리는 다 진여법성입니다. 진여불성입니다.

따라서 육조단경(六祖壇經)이나 참선하는 법문도 그래요. 그 본래면목(本來面目)자리, 방금 말씀드린 바와 같이 진여불성(眞如佛性)자리를 여의지 않아야 참다운 공부가 됩니다.

우리가 가령 나무아미타불(南無阿彌陀佛) 관세음보살(觀世音菩薩)을 덮어놓고 애쓰고 외면 물론 공부가 되고 가피(加被)가 분명히 있습니다.

그러나 그냥 외면 그것은 하나의 염불(念佛)은 돼도 참선(參禪)은 아닙니다.

왜냐하면 본래의 자리, 본래면목자리, 즉 진여불성자리를 여의지 않아야 참선이란 말입니다.

가령 '이 뭣꼬', '이 뭣꼬' 하고, '무무(無無)'하고, 우리가 화두공안선을 한다하더라도 본래면목자리, 진여불성자리를 안 여의어야 참선이 되는 것이지, 그냥 공안을 그대로 상대적인 마음을 가지고 해서는 그것은 참선이 아닙니다.

그와 똑같이 염불도 그래요. 부처님이 저만치 대상으로 계시다가 우리가 열심히 하면 그때는 가피하는 타력적(他力的)인 우리를 가호(加護)하는 그런 분이다, 이래서는 참다운 염불도 못되고 또한 동시에 염불참선이 되지 못해요.

우리 불자님들이 기왕이면 그냥 염불이 아니라 염불참선이 되고 싶어 하시겠지요. 염불인 동시에 참선이 되면 얼마나 좋겠습니까.

그러나 사실은 참다운 염불은 바로 염불참선이에요. 그건 어떠한 것인고 하면 우리 마음이 본래의 자리, 그 진여불성이라는 실상자리를 여의지 않으면 그때는 같은 염불도 동시에 염불참선이 되는 것입니다.

다른 것도 다 마찬가지입니다. 하나님을 외고 싶어서 하나님을 그렇게 염송하신 분도 그래요. 하나님이란 것이 어느 구분된 것이 아니라 하나의 우주 진리다, 이렇게 보편적으로 인식하고서 동시에 그런 자리, 천지우주가 하나님 아님이 없다, 이렇게 생각하고서 '오 주여!' 하면 그때는 그것도 하나의 훌륭한 참선이 됩니다.

그 본래면목자리, 본래고향자리를 떠나지 않으면 다 참선입니다.

아까 제가 몇 번 말씀을 드렸습니다만 용수보살 이행품, 쉬운 것은 그냥 다른 공부도 다 중요하지만 우리 일반적인 우리 바쁜 생활을 지내는 우리 중생을 위해서는 부처님을 생명으로 받아들이고 부처님을 인격적으로, 천지우주가 모두가 다 부처님의 생명뿐이라 생각하십시오. 부처님뿐입니다.

관무량수경(觀無量壽經)에도 시방여래(十方如來)는 법계신(法界身)이라, 모든 부처님은 우주를 몸으로 한단 말입니다.

우주가 바로 부처님입니다. 우주를 몸으로 했기 때문에 어느 누구나 모두가 다 부처님을 이렇게 나누어서 가지고 있는 것이 아니라 온전히 가지고 있습니다.

물질은 분할할 수 있지만 그 보이지 않는 생명 자체는 분할이나 구분할 수 없단 말입니다.

모두가 다 온전히 천지우주가 부처님뿐입니다. 그렇게 해서 그 자리를 떠나지 않고서 염불을 하면 그것이 바로 참다운 염불인 동시에 바로 염불참선입니다.

그렇게 부처님 명호(名號)를 외는 것이 어째서 빠른가.

그것은 그 사람의 근기라든가 여러 가지로 작용이 되겠지만 천지 우주가 바로 부처님의 생명뿐이기 때문에 우주 자체가 바로 생명 자체이기 때문에 우리가 부처님을 하나의 자기 생명과 공통됨과 동시에 똑같은 절대적인 생명이다, 이렇게 느끼면서 부처님의 이름을 외는 것은 우리 마음을 가장 편안히 하고 동시에 모든 가피를 우리가 거기서 받들고 거기서 가피를 입게 되는 것입니다.

우리가 생각할 때는 우리 중생계(衆生界)는 사람이 있고, 사람의 눈에 보이지 않는 신장(神將)이나 그러한 존재는 보통은 무시하지 않습니까. 그러나 사실은 우리 사람 외에도 모든 신장도 있고 또는 금생에 살다 간 영가(靈駕)도 있고 합니다. 그래서 그런 영가들이나 선신들이나 또는 더러 악신도 있고 합니다.

그런 존재들이 부처님의 이름, 부처님의 명호는 만덕장엄불(萬德莊嚴佛)이기 때문에 부처님의 이름 자체에서 모든 불가사의(不可思議)한 능력(能力)이라든가 또는 행복(幸福)이라든가 또는 모든 복덕(福德)을 다 갖추고 있습니다.

부처님 이름은 그렇기 때문에 부처님을 영원적인 의미에서는 무량수불(無量壽佛)이라, 목숨 수(壽), 한도 끝도 없는 생명이라 그래서 무량수불이라 또는 부처님의 지혜광명(智慧光明)은 우주의 어느 때나 빛나고 있다, 그래서 무량광불(無量光佛)이라, 빛 광(光), 무량광불이라.

우리는 광명(光明)이란 것을 과소평가해서는 안 됩니다. 천지우주는 사실 지금 광명으로 충만해 있습니다.

지금 현대물리학자도 역시 모든 물질, 모든 물질을 이른바 쪼개서 소립자나 그런 단계, 그런 단계에 이르면 일체존재가 모두가 다 전자기장(電磁氣場) 광명이라, 방사광명(放射光明)이라, 이 우주의 근본은 그런 전자기장, 방사광선으로 충만하여 항상 빛나고 있는 것입니다.

다만 우리 중생들은 기술에 따라서 그런 것을 볼 수가 있을 뿐인 것이지 우리 육안으로는 그건 보이지 않습니다.

그러나 지금 과학이 다 증명하는 것이고 또는 우리 스스로 공부를 깊이 하면 과학자가 아닌 어느 누구도 우리 마음의 정화(淨化)에 따라서 광명을 느끼고 감득(感得)하고 그러는 것입니다.

그렇기 때문에 능엄경(楞嚴經)에서 억불염불(憶佛念佛)이라, 부처님을 생각하고 부처님 이름을 외면, 현전당래(現前當來) 필정견불(必定見佛)이라, 금생에든지 내생에든지 틀림없이 우리가 부처님을 만나고 부처님과 하나가 된단 말입니다.

若衆生心 憶佛念佛
現前當來 必定見佛

약 중생심 억불 념불
현전 당래 필정 견불

楞嚴經
능엄경

※ 중생의 마음은 본래로 부처이기 때문에

항상 잊지않고 부처를 생각하면

금생라 내생에

반드시 결정코 부처를 볼수 있느니라.

병자 납한 무주산인 청화
丙子臘寒無住山人清華

부자간이나 모자간이나 부부간에도 역시 금생에 서로 그리워서 살다가 헤어지면 내생에 가서 꼭 다시 만납니다. 똑같은 처지로는 안 만나도 꼭 다시 만납니다.

그와 똑같이 우리 중생은 부처님하고 본래가 둘이 아니기 때문에 억불염불이라, 우리가 부처님을 기억하고 또는 부처님의 그러한 이름을 왼다고 생각할 때는 현전당래 필정견불이라. 현생이나 또는 내생이나 틀림없이 부처님을 만나 뵌단 말입니다.

만나 뵙는 경로는 다르겠지요. 훤히 빛나는 광명으로 만나 뵐 수도 있고, 더러는 사람 몸같이 된 그러한 상징적인 광명 상으로 우리한테 나투기도 하시고 그러시겠지요.

그와 같이 다른 것도 거기에 또 부수가 되어서, 악신도 선신도 모든 신장도 많이 있는 것인데 그런 것이 어떤 존재나 근본자리는 부처님인지라 우리가 근본자리인 부처님을 생각하고 부처님을 찬탄(讚嘆)하면 그 나쁜 신들은 우리를 두려워하고 말입니다.

그리고 선신들은 그때는 좋아서 그냥 환희심(歡喜心)으로 우리를 지키고 한단 말입니다. 그런 것이 꼭 있습니다.

그렇기에 우리가 진리(眞理)에 따라서 진리에 수순(隨順)해서 살면 무량의 공덕이 거기에 다 따릅니다.

다른 사람들도 역시 우리가 참말로 바르게 공부하면 어떤 식으로 하든지 부처님 공부를 한다고 생각할 때는 모두가 근본자리, 진여불성자리를 여의지 않는 공부니까요.

그렇게 한다고 생각할 때는 어느 것이나 우리를 다 숭상(崇尙)합니다. 자기는 몰라도 자기 몸에서는 자기도 모르는 가운데 부처님의 향기가 풍기는 것입니다.

우리가 집안에서 아버지나 어머니 노릇을 한다 하더라도 부모님이 함부로 자시지 않고 함부로 행동하지 않고 정말로 부처님 신앙에 사무친다면 자기 아버지나 어머니를 숭배하지 않을 수가 없습니다.

그렇게 하는 생활이 어느 면으로 보나, 직장생활을 하나 어떤 생활을 하나 가장 효과적이고 가장 행복한 생활입니다.

이 세상에 다른 것은 아무것도 없습니다. 모두가 다 부처님뿐입니다. 이렇게 생각한 것이 바로 가상을 떠나서 상을 떠나서 우리가 실상으로 부처님을 받아들이는 바른 참 신앙입니다.

여러분들이 공부를 하실 땐 그런 것을 생각하셔서 아까 용수보살이 말씀했다는 이행품, 쉬운 공부, 쉬운 공부란 천지우주가 생긴 대로 천지우주가 부처님뿐이니까, 부처님은 바로 우주생명이니까 그런 자리를 우리가 알고서 거기에, 그 자리에 마음을 두어야 한단 말입니다.

그래서 육조단경에도 이러한 중요한 법문이 있어요. 수지일체만법(須知一切萬法) 자성기용(自性起用)이라. 모름지기 알지니 일체만법은 자성 진여불성에서 인연을 따라서 나왔다는 것입니다.

진여연기(眞如緣起)에 대한 그렇게 생각하는 것이, 진여연기란 것은 모든 것이 다 진여라는 진여불성에서 왔다는 그런 연기법이란 말입니다.

우리가 인연법(因緣法)이라 하면 그냥 쉽게 이것과 저것이 합했다는 간단한 것을 생각할 수가 있지만 참다운 인연법은 근본이 모두가 다 진여불성이라.

그래서 이것이나 저것이나 나나 누구나 모두가 다 진여불성 아님이 없다, 이렇게 생각하는 것이 참다운 인연법의 해석입니다.

이렇게 한다고 생각할 때는 우리가 비록 여러 가지 다른 환경에 처한다 하더라도 거기에 물리지가 않는단 말입니다.

우리는 좋은 생각을 했다가도 그냥 환경이 바뀌면 거기에 마음이 끌리고 물들지 않습니까.

그러나 우리 생각이 항상 기본적으로 일체만유의 기본자리, 일체만유의 성품자리인 진여불성에 우리 마음을 두면 어떠한 환경에도 우리가 물들지 않고 그러면서 심자재(心自在)라, 우리 마음이 자유스럽고 구속되지 않는단 말입니다. 이것을 깊이 명심하시기 바랍니다.

우리가 현실에서 그렁저렁 우리 마음을 그대로 방하(放下)시키지 말고 우리 마음을 항상 다잡아서 우리 마음의 근본고향자리, 우리 생명의 근원자리에 우리 마음을 딱 머물게 한단 말입니다. 그 자리에서 비춰본단 말입니다.

이것은 최상의 행복을 기리고 또는 우리 건강을 위해서도 최상의 건강법입니다. 무량무수의 선신들이 우리를 항시 지키면서 우리의 공부도 도와주고 또는 사업도 도와주고 그럽니다. 우리가 이와 같이 무상사 같은 이러한 훌륭한 부처님의 전당을 만드시는 일도 계행(戒行)이 부실하면 절대로 안 됩니다.

계행이 청정한 분들은 부당한 것을 발원도 않습니다. 계행이 청정한 분들은 청정한 마음 때문에 꼭 정당한 것을 발원합니다. 그 정당한 것을 발원하기 때문에 삼세제불(三世諸佛)이 다 돕는 것이고, 무수한 신장이 다 돕는 것입니다.

세속 일을 하나 어떤 일을 하나 다 그렇습니다.

따라서 우리 불자님들께서는 아까 제가 말씀드린 바와 같이 우선 도덕적으로 계행을 잘 지키고, 그렇게 하면서 바르고 정당한 것을 우리가 구한다면 실패할 것이 절대로 없습니다.

부처님도 돕고 무수한 신장이 다 돕고 다른 사람들도 계행을 잘 지키면 그때는 자기도 모르는 가운데 향기를 풍긴단 말입니다. 그러니까 누구든지 다 좋아하고 따르게 되지 않겠습니까. 이렇게 하셔서 한없는 행복을 누리시기를 간절히 빌어 마지않습니다.

清華 큰스님께서 미국에 오신 뜻은?

1994년, 淸華 큰스님께서 강옥구 시인과 미국 삼보사에서
대담하신 내용입니다.

淸華 큰스님께서 미국에 오신 뜻은?

큰스님, 이렇게 인터뷰를 허락해 주셔서 감사합니다. 달마
(菩提達磨 : BodhiDharma ?~528)스님께서 동쪽으로 오
신 큰 뜻이 있는데, 큰스님께서 이렇게 미국으로 오신 의
의는 무엇인지요?

예, 제가 온 것은 거창하게 달마스님께서 오신 것에 비교될
수는 없습니다. 달마스님께서는 공부가 다 성취된 뒤에 동토
지방을 제도할 원력으로 오셨고, 저는 미숙한 채로 미국 불교의 발전

에 조금이라도 보탬이 될까 해서 왔습니다.

미국에서 한국불교가 아직도 제대로 정착을 못했다는 판단이 서고, 미국의 각국 불교들이 여러 갈래로 분열되어 서로 화합도 안 되어 있는 것도 같아서 융합적인 차원에서 누군가가 조절하는 역할을 해야 한다는 생각이 들었어요.

그래서 제가 나이도 많고 능력도 부족하나마 미국에서 한국불교의 구심점 역할을 감당하면서, 각 종파 사이의 여러 가지 집착 때문에 분열되고 갈등되어 있는 관계를 해소하는 데 다소라도 도움이 될까 하는 그런 뜻으로 온 셈입니다.

또한 미국은 선진국으로서 세계의 석학들이 많이 모이고 문화교류가 활발한 곳이기 때문에 불교의 진면목을 세계에 알리는 데 효과적이라는 생각도 들었습니다.

그러면 갈등을 해소하고 분열을 화합하는 가르침의 내용은 구체적으로 무엇일까요?

예, 그냥 무턱대고 무원칙으로 분열을 지양시킬 수는 없습니다. 마땅히 원리가 앞서야 하겠지요.

그런 면에서 부처님 가르침 자체가 그런 분열을 지양시킬 수 있는 충분한 가르침이라고 생각합니다. 왜냐하면 부처님 가르침인 반야바라밀(般若波羅蜜), 곧 반야의 지혜라는 것은 모든 개별적인 차별, 분별을 초월하여 우주를 하나의 생명으로 파악하는 실상(實相)의 지혜이기 때문입니다.

우리 중생들이 현상적으로 경험하는 문제들은 모두 실체가 아닙니다. 자기 몸뚱이든지 자기 관념이든지 대상물 모두 실체가 아닙니다.

불교 말로 하면 이른바 오온개공(五蘊皆空)입니다. 오온에는 인간이라든가 모든 것이 다 들어가는데, 오온은 본래로 실존이 아니요, 가상(假相)인 것이고 허망상인 것이기 때문에 공(空)인 것입니다. 오온개공을 또한 제법공(諸法空)이라 합니다. 일체만유가 다 제법인데, 제법이 본래로 다 공한 것입니다.

그것도 우리가 물리학적으로 분석한 뒤에 공이 아니라 바로 즉공(卽空)이라는 말입니다.

색즉공이라 할 때 색은 바로 물질인데, 물질이 바로 공이란 뜻입니다. 따라서 내 몸뚱이도 이렇게 있다고 집착하고 있는 이대로 공이란 뜻입니다.

그런 의미에서 우리 중생이 인식하는 모두가 허망한 것이요. 잘못 보는 것으로서 실재하는 것이 아니고 진리는 반야바라밀인 중도실상

(中道實相)입니다. 중도실상은 원융한 생명의 본질이라는 뜻입니다.

그래서 중도실상의 생명관을 가지고 사람을 대하고 대화도 하고 행동해야 분열과 갈등을 지양하고 진리의 조명 아래서 올바르게 생활할 수 있을 것입니다.

그러면 오온개공으로 모든 것이 비었다면 거기에서는 어떠한 수행법을 따라야 하나요?

불교 수행법은 다 오온개공을 근본으로 합니다. 다시 말하자면 허망상을 부정하고 소멸시키는 수행법입니다. 가령 염불 수행을 한다 하더라도 염불이라는 것은 부처를 염하는 것으로서 부처 자체가 바로 중도실상의 생명의 본체이기 때문에 거기에 마음을 붙이고 생각 생각에 그 자리를 여의지 않을 때에 우리의 나쁜 버릇은 점차로 없어지는 것이고 분별시비하는 허망한 마음도 사라지게 되는 것입니다.

화두(話頭)를 참구하는 것도 그렇습니다. 중도실상, 생명의 실상에 마음을 두기 위해 화두가 있는 것입니다. '무(無)' 화두나 '이 뭣꼬' 화두나 모두 다 우주의 본래면목(本來面目)자리를 문제시하고 그 자리에서 우리 마음을 여의지 않기 위해서 화두를 참구하는 것입니다. 주문을 외우고 경을 보는 뜻도 마찬가지입니다.

수행법 모두가 현상적인 허망상을 여의고 또한 망상인 가명(假名)을 여의는 것입니다.

이른바 명상(名相), 즉 이름과 상을 떠나는 것입니다. 허망한 상을 떠나고 가명을 떠나면 벌써 그 자리가 본래 부처인지라 부처의 지혜가 빛나게 되는 것입니다.

그렇기 때문에 불교에서 하는 수행법인 염불이나 주문이나 화두나 간경이나 모두가 오온개공을 깨닫는 방편입니다. 오온개공이 되면 다만 공이 아니라 그 공의 실체가 진공묘유(眞空妙有)인 중도실상의 생명의 본체가 나타나게 됩니다.

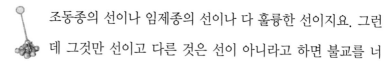

보통 미국에서 선(禪)이라 하면 일본의 선, 주로 임제선이나 조동종의 선을 의미하는데, 큰 스님의 말씀에 의하면 염불이나 선이나 차이가 없다는 것을 뜻하시는지요.

조동종의 선이나 임제종의 선이나 다 훌륭한 선이지요. 그런데 그것만 선이고 다른 것은 선이 아니라고 하면 불교를 너무나 협소하게 해석하는 법집(法執)이 됩니다. 그것은 왜냐하면 선은 바로 불심(佛心)을 의미하고 불심을 여의지 않는 것이 선이기 때문입니다.

가령 화두 공안(公案)을 참구한다 하더라도 불심을 여의지 않아야 선이 되는 것이지 상대적인 문제를 의심한다던가, 참구한다고 할 때는 마음이 분열되어 참다운 선이 못 됩니다.

또 조동종 계통의 묵조선(黙照禪)에서도 잠자코 비추어본다 하더라도 진여불성(眞如佛性)자리, 중도실상의 생명경계를 분명히 관조해야지 그저 묵묵히 고목처럼 무념무상으로 가만히 있으면 오히려 망상이 나오기 쉽고 무기(無記)에 떨어지기도 하여 진정한 참선이 못되는 것이지요.

또한 염불을 하더라도 염불의 본뜻이 부처를 생각하고 일체가 부처임을 깨닫는 것이기에 극락세계에만 부처님이 계신다든가, 이와 같이 우리의 마음을 떠나서 마음밖에 부처를 대상적으로 설정하고 구할 때는 염불선이 못됩니다.

그러나 내 마음의 자성, 내 마음의 본체가 바로 부처님이고 우주만유의 실상이 바로 부처님이라고 생각할 대는 바로 염불선(念佛禪)이 되는 것입니다.

주문도 마찬가지입니다. 모든 참다운 진언(眞言)의 경계, 참다운 우주만유의 본질자리는 부처인 것이고 내 마음과 더불어 둘이 아니라고 분명히 생각하면서 그 자리를 여의지 않으면 주문을 왼다 하더라도 참선이 됩니다.

따라서 한마디로 말씀드리면 화두를 참구하든, 묵조선에서 묵조하든, 염불하든, 주문을 외든 또는 경을 읽든 다른 종교의 여러 가지 수행법을 공부하든지 간에 우리 마음이 본질적인 생명의 실상자리, 생명의 본질자리를 떠나지 않으면 다 선이 된다고 해야 이른바 법집(法執)이 아닌 참다운 선의 의미라고 할 수 있습니다.

그러니까 우리 마음이 바로 부처라고 하는 그런 자리를 바로 보면 염불을 하든 경을 읽든 모두 다 선이 될 수 있다고 말씀하시는 겁니까?

그렇습니다. 우리 마음을 국한시키면 안 됩니다. 우리 마음이나 다른 사람 마음이나 다른 동물 마음이나 우주의 일체 유정무정한 모든 존재, 일체만법의 본성품이 부처라고 생각해야 참선이 된다는 말씀입니다. 그렇기 때문에 선 가운데는 일체 모두가 다 포함되어야 합니다.

'우리 마음을 안 떠난다'고 할 때 잘 모르는 분들은 단순히 '우리 마음인 인간성만 부처인 것이고 다른 것은 부처가 아니지 않은가' 하고 생각할 수도 있습니다.

그러나 불교의 선에서 마음을 말할 때는 우리 인간의 마음인 동시에 다른 동물이나 식물이나 일체존재 모든 것의 근본성품자리를 의미합니다. 그렇기 때문에 그러한 성품자리만 여의지 않으면 모두가 참선 아님이 없다는 말씀이지요.

그러면 중도실상의 자리라는 것은 결과적으로 나와 모든 중생과의 차이가 없다는 자리를 의미합니까?

예, 그렇습니다. 그 자리는 어디에도 안 치우치고 모두가 다 포함된 셈이지요. 우리 중생이 보듯 허망무상한 상만 있다는 것도 아니고 단순히 텅 비어서 없다는 것도 아닌 것이고 조금도 치우침이 없이 모두를 다 초월한 자리이며 모든 성자들이 체험하는 참다운 생명자리입니다. 일체가상을 떠나서 인생과 우주의 본래 생명의 실상자리가 이른바 중도실상자리입니다.

그러면, 참선에서는 중도실상자리를 보는 것이 중요하니까 초보자가 선을 공부하고 싶을 때 중도실상에 대한 이해가 앞서야겠군요.

예, 그렇습니다. 초심자가 처음에 중도실상을 관조한다 하기는 좀 어렵겠지요. 그렇지만 이해는 할 수 있는 문제 아니겠습니까. 우리 중생이 아직은 번뇌에 가려져 중도실상의 생명의 자리를 체험은 못한다 하더라도 부처님께서 말씀하시고 무수한 성자가 증명했고 성인들이 말씀하신 공변된 자리니까 이해는 할 수 있겠지요.

그렇기 때문에 초심으로 공부할 때도 반드시 먼저 이해를 해야 합니다. 그리고 중생들에게도 이해를 하도록 가르쳐야 되는 것입니다.

먼저 바른 이해를 하고 닦는 선오후수(先悟後修)가 되어야 바른 수행이 됩니다. 이른바 정견(正見)이 없는 공부는 부질없는 분별을 하여 마음이 헷갈리게 되니 참다운 수행이 되지 못합니다.

바른 이해, 곧 '우리가 아직은 번뇌에 가리어 체험은 못했다 하더라도 일체 모두가 바로 보면 진여불성 아님이 없다. 어떠한 존재나 우리 중생이 보는 것은 허망한 것이고 성자가 보는 실상자리만이 참다운 것이다.', 이렇게 먼저 이해한 다음에는 염불을 하건 화두를 들건 우리 마음이 그러한 실상경계에 지향하게 되어 필경 실상을 깨닫게 되는 것입니다.

가령 우리가 나무아미타불을 외운다 하더라도 바른 도리, 중도실상의 자리를 이해하지 못하고 할 때는 부처님을 마음 밖에서 대상적으로 구하는 것이 되겠지요.

그러나 이해를 해버리면 아직은 자기가 바로 증명은 못했다 하더라도 '아, 부처님은 바로 우주 자체구나, 우주의 생명이구나', 이렇게 나가니까 단박에 체험은 못한다 할지라도 그 경계를 지향해서 공부가 차근차근 익어지게 되는 것입니다.

그렇기 때문에 주문을 외든 다른 방법으로 공부를 하든지 간에 바른 이해를 하고서 중도실상의 생명자리를 지향해서 나가려고 하면, 그 사람의 근기와 용맹정진의 정도에 따라서 차이가 있다고 하더라도 점차로 공부가 익어져 중도실상인 생명의 본체(本體)와 계합(契合)하게 되지 않을 수 없습니다.

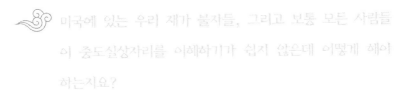

미국에 있는 우리 재가 불자들, 그리고 보통 모든 사람들이 중도실상자리를 이해하기가 쉽지 않은데 어떻게 해야 하는지요?

중도실상자리를 아직 체험하지 못할 일반 사람들은 이해하기가 어렵겠지요. 그리고 업장이 무거운 사람은 도저히 자기 분상에서 납득이 안 되니까 아예 이해하려고 하지도 않습니다.

그러나 업장이 가벼운 사람은 납득이 빠릅니다. 왜냐하면 '붓다나 도인들은 가장 정직하고 총명하고 바로 깨달은 분인데 그분들이 옳다고 했으니 그대로 옳은 것이 아니겠는가', 이와 같이 전폭적으로, 이른바 수희찬탄(隨喜讚嘆)하는 마음으로 바로 수용이 되는 것입니다.

그렇기 때문에 수희찬탄이 되어야 하며 그렇게 되도록 우리가 다른 사람들을 가르쳐야 합니다. 자기가 미처 체험을 하지 못했어도 무수한 성자가 증명한 것이고 우주의 모든 진리가 그럴 수밖에 없다는 것을 여러 성현들이 역설한 것이기 때문에 우리같이 어리석은 사람들이 어찌 믿지 않을 수 있을 것인가?

그렇게 편달해가면서 일반 사람들도 거기에 나아가도록 해야지요. 그리고 염불이나 주문이나 화두나 그 사람 근기에 맞추어서 생각 생각에 다른 생각을 않고서 지속적으로 공부하도록 가르쳐야 합니다. 그렇게 공부하다 보면 하루 하면 하루 한 만치 업장이 녹아짐에 따라서 중도실상의 경계가 점차로 빛나게 되는 것입니다.

예. 누구에게나 6바라밀 수행이라든가 3학도의 수행이 다 필요합니다. 그러나 자기의 근기에 따라서 최선을 다할 수밖에 없지요.

또 6바라밀 수행을 한다고 할 때도 먼저 중도실상 도리를 이해를 하고 닦아야 6바라밀이 됩니다. 왜냐하면 6바라밀이라는 것은 보살의 수행이기 때문에 지혜와 더불어서 닦아야 보살행이 되기 때문입니다.

가령 우리가 남한테 물질을 베푼다 하더라도 주는 내가 있고 받는 저 사람이 있고 주는 물건이 있고 그런 대상적인 차별을 한다든가 또 물질이 많다든지 적다든지 아깝다든지 그런 생각을 내면 보살의 보시는 못되는 것입니다.

보살의 보시는 상을 떠나야 되는데 상을 떠나기 위해서는 반드시 바른 이해를 해야 한다는 말입니다. 바른 이해라는 것은 반야바라밀, 곧 반야의 지혜로 일체존재가 다 본래로 공이란 도리를 아는 것입니다. 나라는 것도 본래 공이요, 너라는 것도 공이요, 내가 남에게 베푸는 물질도 공이요, 모두가 공이라는 제법공 도리를 분명히 알고 베풀고 계행도 지키고 해야 참다운 보시요, 참다운 계율이며 6바라밀이 되는 것입니다.

그러면 달마스님께서 양무제를 꾸중하신 것은 바로 양무제가 그러한 바른 지혜가 없어 보시를 베풀었기 때문일까요?

그렇게 봐야지요. 양무제(梁武帝)가 느꼈다면 절을 많이 짓고 불사도 많이 한 그런 공덕을 자랑삼아 얘기할 수 없겠지요. 가장 중요한 것은 결국 상을 떠나는 무주상(無住相) 수행입니다.

큰스님, 상을 떠난다는 말은 구체적으로 무엇을 말합니까?

상을 떠난다는 것은 우리 중생이 잘못 보는 가상이라든지 허망한 관념을 떠나는 것입니다. 우리 중생은 누구나가 다 분별 망상을 하고 있습니다. 나라고 생각하는 것도 망상인 것이고 내 것이라고 생각하는 것도 망상인 것입니다.

왜냐하면 반야의 지혜로 생각할 적에는 무아(無我), 무소유(無所有)이기 때문입니다. 잠시 인연 따라 '나' 라는 모양이 있고, '너' 라는 모양이 나오고, 내 재산이 있고, 내 집이 있는 것이지 본래 제법공 도리에서 본다면 나라는 것도 없고 내 소유도 없다는 말입니다.

그렇기 때문에 반야의 지혜인 무아, 무소유의 자기를 분명히 느끼는 가르침, 다시 바꾸어 말하면 가상이나 가명을 떠난 그 자리에 입각해야 6바라밀이라 할 수가 있는 것입니다.

그러니까 달마스님께서 양무제를 꾸짖은 것도 역시 양무제가 상에 집착을 하였기에 상을 최파(摧破)하는 의미에서, 본래로 제법이 무상하고 공한 참다운 진여의 자리에서 그렇게 질타를 하셨겠지요.

달마스님께서 펼치신 법문이 안심법문(安心法門)이라고 하던데요. 큰스님께서 펼치시는 법문도 안심법문인지요?

그렇습니다. 안심법문입니다. 상을 못 떠나면 안심이 못되니까요. 상을 못 떠나면 자기 몸에 대해 항상 불안하고 자기 지위에 대해서 불안하고 내가 언제 죽는가 하는데 대해서 불안하고 그런 사람들은 안심이 안되니까요. 안심법문이 되려면 역시 반야바라밀이 전제가 되어야 안심이 됩니다.

그렇기 때문에 혜가(慧可; 487~593)스님께서 달마대사에게 '제 마음이 불안합니다'라고 하니까 달마대사가 '아, 그래. 그대의 불안한 마음을 가지고 와 봐라!' 하셨습니다. 불안한 마음이 어디에 있는 것도 아니고 사랑하는 마음이 모양이 있는 것도 아닌 것이고 욕심 있는 마음이 모양이 있는 것도 아닌 것입니다.

마음이란 것은 본래 조금도 상이 없는 것인데 우리 중생이 괜히 상을 내는 것입니다. 따라서 우선 안심이 되려면 없는 것을 없다고 보는, 제법이 공이라는 도리에 입각해야 안심이 됩니다. 그렇기 때문에 불교수행에서 반야바라밀이 되어야 대승이 됩니다.

반야바라밀이 못 되면 소승에 불과합니다. 누구한테 아무리 많이 베풀어도, 나는 나고, 너는 너고, 내 것은 내 것이고, 그런 차원에서는 소승입니다.

그러니까 대승과 소승을 구별하는 기본이 바로 반야바라밀이라는 말씀이지요?

그렇습니다. 일반 상식적인 차원에서는 그저 남에게 베풀면 대승인 것이고 자기만 생각하면 소승인 것으로 생각하지만 불교의 가르침에서 생각하면 엄연히 그런 구분이 있습니다. 반야의 지혜가 깃들어 있으면 대승인 것이고 반야의 지혜가 없으면 소승인 것이고 범부인 것입니다. 결국 반야의 지혜가 없으면 세속을 미처 못 벗어난 이른바 속물이라고 하는 것이지요.

법계연기나 반야연기는 같은 뜻입니다. 우주 자체가 바로 반야고 법계가 바로 반야의 지혜인 것입니다. 우주라는 것은 반야의 지혜 곧 법계 또는 불성이 인연 따라서 현상으로 나온 것입니다. 무명이라는 것도 우리 중생이 잘못 보아서 무명인 것이지 본래로 무명이 바로 반야인 것입니다.

가령 우리가 저 사람은 나쁜 사람이다, 그러면 그것은 현상적인 상만 보니까 그렇게 말하겠지요. 그러나 그 사람의 본바탕은 나쁜 사람이 아니라 부처라는 말입니다. 부처가 잠시 저와 같이 나쁜 짓을 하는 모습으로 나에게 비친 것이지 본바탕은 바로 부처입니다.

그렇기 때문에 일체 모두가 다 반야에서 온 것이고 반야의 가상인 것인데 우리 중생들은 그것을 잘못 보고서 겉만 보니까 좋다, 나쁘다 하는 것입니다.

어느 불교나 안심법문을 따라야 합니다. 안심법문을 못 따르면 상을 못 떠나니까 안심법문이 못 되는 셈이지요. 그러니까 우리가 참다운 실상의 지혜가 되어야 참다운 불법이 됩니다. 그렇지 못하면 참선도 못됩니다. 그렇기 때문에 이런 법문도 있어요.

'부달성공(不達性空)하면 좌선무익(坐禪無益)이라', 모든 성품이 비어 있다는 것에 이르지 못하면 좌선을 해도 이익이 없다는 말입니다. 우리 눈에 보이는 모두가 가상, 가명이니까 우리가 공부할 때는 가상과 가명을 부정해버려야 됩니다. 그러면 대긍정이 됩니다. 대긍정이라는 것은 모두가 부처라는 중도실상입니다.

우리나라에서도 그런 예가 있었습니다만 원효스님이나 경허스님 같은 분들은 계(戒)를 넘어서는 경우가 있는데요, 그것을 어떻게 보시는지요. 그리고 지금 미국에서 여러 수행자들이 계를 넘어서는 경우가 많은데요, 큰스님께서는 그런 것에 대해서 어떻게 생각하시는지요.

중요한 말씀을 하셨습니다. 그것이 중요한 문제입니다. 역시 도덕성이라는 것은 가정으로 보나, 사회로 보나, 인류사회에서 도저히 무시할 수 없는 중요한 문제가 되지 않겠습니까. 그런데 종교는 어떤 종교에서나 철저한 도덕성은 철두철미한 당위요, 의무로 되어 있습니다.

우리가 세간적인 도덕은 삼강오륜을 지켜라, 부모한테 효성해라, 무엇을 하지 말라 하는 것이고 다른 종교도 마찬가지입니다만 불교도 근본적인 윤리를 지키지 않으면 안 된다고 되어 있습니다.

왜냐하면 불교에서 말하는 진여불성은 나와 남이 차이가 없으므로 자기를 위해서 남을 희생시키는 그런 이기심을 낼 수가 없는 것입니다. 나와 남이 둘이라고 생각할 때는 자기를 위해서 남을 희생도 시키고 핍박도 할 수가 있겠습니다만, 자기와 남이 본래로 하나라고 생각하면 다른 사람을 해롭게도 할 수도 없고, 원수 간이 될 수도 없는 것입니다.

가령 누가 누구를 살해했다 하더라도 인연을 따라서 잠시 현상적인 겉만 죽인 것이지, 본래 생명은 모두 낳지 않고 죽지 않는 것이기 때문에 죽일 수 없는 것입니다.

따라서 내 부모를 살해했다 하더라도 본바탕에서 보면 생사가 본래 없고 자타가 없는 것인데 그것이 무슨 큰 문제가 될 것인가? 인연을 따라서 그런 것이지, 이렇게 생각하면 그 사람이 원수라고 해서 다시 보복할 필요가 없다는 말입니다.

그리고 우리가 가령 음식을 먹을 때도 제 몸뚱이가 중요하고 맛에 취하니까 부처님께서 먹지 말라는 것도 먹는 것이지, 맛도 허망하고 제 몸뚱이도 허망하고 색도 허망하고 소리도 허망하다고 생각하면 그렇게 하려야 할 수가 없는 것입니다.

그렇기에 그 때는 당위적으로 금하지 않을 수가 없는 것입니다. 그러나 공부가 미처 미숙하면 본성품을 못 깨달으니까, 내가 있고, 네가 있고, 고기가 있고, 맛이 있고 또 좋은 술이 있고 그런 상을 미처 못 떠나므로 그런 것에 구속을 받는 것입니다.

그렇기 때문에 원효스님께서 무애행을 취했다 하는 것도, 그 분이 요석공주와 관계할 때는 미처 철저한 도인이 못 되었을 때라고 생각합니다. 왜냐하면 성자가 되면 벌써 이성을 떠납니다. 그때는 범하래야 범할 수도, 범할 필요도 없는 것입니다. 어느 성자가 함부로 색을 범하겠습니까.

그렇기 때문에 성자가 미처 온전히 못된 때라면 그것도 가치가 있다고 생각이 됐기 때문에 그런 행동을 했으리라고 생각이 되고, 그 뒤에 일반 중생을 제도할 적에 여러 무애행을 했다는 것은, 원효대사가 음식을 중생과 더불어 먹는다든지 이런 일, 저런 일 등 무애행을 했다는 것은 중생들 교화하는 편의에 따라서 그렇게 했겠지요.

도인인지라 원효대사의 눈으로 볼 때 고기도 고기로 안 보이는 것이고, 내가 지금 먹어야 할 것인가 안 먹어야 할 것인가 고민하는 것도 구미가 당기고 먹고 싶어서 고민하는 것이 아닌 것입니다. 중생제도에 필요하다면 부처님께서 하지 말라는 계율 중 큰 것은 범할 수가 없으나 사소한 것은 범할 수도 있겠지요.

그러니 경허스님 같은 분도 많은 사람들이 도인이라고 숭앙하기도 하고 경허어록을 보면서 빈축하는 분도 있습니다만 저는 이렇게 생각합니다. 우리가 해탈이라고 할 때에는 지혜해탈과 선정해탈이 있습니다.

지혜해탈은 지혜로 해서 막힘이 없다는 말이고, 선정해탈은 오랫동안 선정에 들어 습기를 없애서 중생의 생리까지 정화가 된다는 것입니다. 그래서 지혜해탈만 되어서는 신통은 못 나오는 것이고 또 습기가 미처 못 녹아서, 과거 전생의 업장을 따라서 어느 경계에 부딪히면 범할 수도 있습니다.

그러나 미처 습기는 다 못 녹였다 하더라도 법을 바로 해석했다고 하면 자제할 수가 있으니까 함부로 범할 수는 없겠지요. 자제를 못한다면 그것은 딱한 일이지요. 지혜해탈만 했다 하더라도 법은 막힘이 없어 남녀도 본래 차별이 없는 것이고 모두가 원래 허망하고 무상한 것이라고 분명히 느낀다고 생각할 때는 자제할 수가 있겠지요.

자제를 못하면 그 때는 수행자의 도리가 아닙니다. 그러나 선정해탈을 했다면 벌써 생리가 정화되어서 그렇게 하려야 할 수가 없으니까 전적으로 범할 수 없다는 말입니다. 그래서 그런 구분이 필요합니다.

옛 스님들께서도 가령 지혜해탈은 하였는데 선정해탈은 못해서, 미처 습기를 다 못 녹여서 그렇게 할 수도 있으리라고 생각할 수 있겠지요. 그러나 수행자들이 해탈을 못한 분상에서 무애행이라고 함부로 하면서 일반 중생들의 빈축을 산다면 그것은 안 되겠지요. 마땅히 비판을 받아야 하지요.

 스승을 구하는 일이 참 어려운 일 같습니다.

 예, 참으로 어려운 문제입니다.

 그러면 배우는 사람들은 어떠한 기준으로 스승을 구해야 합니까?

바른 정견(正見)이 있는가, 없는가, 다시 말하면 반야바라밀을 분명히 느끼고 명상(名相), 즉 가명과 가상을 떠났는지 못 떠났는지 그 사람 말 몇 마디를 들어보면 짐작이 되겠지요. 달마스님도 양무제의 말을 몇 마디 듣고서 '저 사람은 아직 상을 못 떠났구나' 하고서 그렇게 질타를 했겠지요.

그와 마찬가지로 자기에 걸려 있고 자기 수행법에 걸려 있고, 자기 문중에 걸려 있고, 자기 종파에 걸려 있는 그런 사람들은 미처 아직은 명상을 못 떠난 셈 아닙니까. 아무리 사회에서 숭앙한다 하더라도 아직 상에 걸려 있으면 바른 정견이 없는 것이니까, 그 사람이 바른 정견이 있는가, 없는가를 기준으로 해야 합니다.

그리고 그 다음 문제는 그 사람 행동이 욕망을 떠났는가, 못 떠났는가를 보면 됩니다. 깨달은 사람 같으면 이른바 식욕, 음욕, 잠욕 같은 욕계 번뇌를 응당 떠나야 하겠지요. 욕계 번뇌를 못 떠났으면 그것은 삼계 가운데 욕계도 미처 못 떠났으니까 성자라고 볼 수 없는 문제이고 또 남의 스승이라고 자타가 공경할 수가 없겠지요.

따라서 스승이라고 할 때에는 바른 정견, 곧 반야의 지혜, 바른 지혜와 더불어 행으로 해서 욕계번뇌를 떠나야 합니다. 삼독심을 온전히는 못 떠났다 하더라도 욕심이 있는가, 없는가, 진심이 얼마만큼 닦여졌는가, 하는 것이 기준으로 되어야겠지요 그렇습니다. 열반경에서도 '그대 스스로를 스승으로 삼고 다른 것에 의지하지 말며, 법을 스승으로 삼고 다른 것에 의지하지 말라'고 했듯이 우리가 오직 부처님 법을 스승으로 공부하면 됩니다. 부처님 법이 없으면 가늠할 수가 없으나 부처님 법은 있으니까 부처님 법에 의지하면서 자기 스스로를 가늠해 본다면 오류를 범하지 않고, 깊이 생각해보면 '아, 그렇구나!', '아, 그렇구나!' 하고 짐작이 되니까요. 우리 마음은 본래가 무량무변한 지혜공덕을 갖춘 부처님입니다.

각기 서로 다른 종파나 종교도 연구를 해야 한다고 생각합니다. 가령 기독교인이라 하더라도 반야심경이나 법화경이나 화엄경이나 중요한 불경을 연구해야 한다고 생각합니다. 그래야 불교사상의 핵심을 알 수 있겠지요.

그와 아울러 불교인도 기독교의 성경도 공부하고 이슬람의 코란도 공부해야 합니다. 그러나 이렇게 공부하되 명상(名相)을 떠난, 곧 망상과 가상을 떠난 그 자리에 허심탄회하게 마음을 두어야 바로 이해하게 됩니다.

성경을 본다 하더라도 자기 소견으로 자기가 배운 것만 가지고 본다면 문자에 걸리고 이것저것 걸려버리는데 그렇지 않고서 명상(名相)을 떠나서,

'이름이라는 것은 다 가짜인 것이고, 그때그때 몇 천 년 동안에 왜곡되기도 하고, 보태거나 깎기도 했을 것인데 과연 예수의 본뜻이 무엇이겠는가, 마호메트의 본뜻이 무엇인가'

이렇게 진지하게 생각해 본다면 설사 표현이 좀 어색하다 하더라도 그 속에 들어 있는 알맹이를 잡을 수가 있는 것입니다.

또 사실은 불경에도 방편이 많이 있습니다. 같은 경 가운데도 방편과 진실이 아울러 있습니다. 따라서 우리가 방편과 진실을 가리는 지혜가 필요한데 그 기준이 반야의 등불입니다. 그렇기 때문에 우리가 반야의 등불이라는 허심탄회한 마음으로 피차가 불경도 공부하고 다

른 경전도 공부함으로써 갈등을 해소할 수 있습니다.

진리라는 것은 불교가 있고 기독교가 있기에 비로소 진리인 것이 아닌 것입니다. 본래로 과거, 현재, 미래를 통하여 영생불멸한 우주의 도리입니다.

그러면 예수님이나 마호메트를 보살로서 여기는 것이 옳은 일일까요?

저는 그렇게 생각을 합니다. 역시 그분들이 자기 개인적인 이기심에서 출발한 것이 아니라 세상의 모든 중생을 제도하겠다는 서원을 가지고 출발했고 또 오랜 세월동안 무수한 사람들을 그런대로 구제를 했으니 마땅히 보살이라고 생각합니다.

그리고 또 기본적으로 불교의 진리에서 본다면 모두가 본래로 다 부처 아닙니까. 잘나도 부처요, 못나도 부처요 또 강도질을 해도 현상적인 가상으로 봐서는 구분된다 하더라도 본성품에서 보면 부처란 말씀입니다.

그런데 하물며 그런 가운데 많은 사람들이 숭앙하고 또한 한 생애를 통하여 모든 사람들을 구제하려고 도덕적인 봉사행을 다한 분들을 마땅히 보살의 후신이라고 보아야 하겠지요.

큰스님께서는 어려서 기독교를 믿으셨다고 하던데요.

저는 기독교를 깊이 연구해서 믿은 것이 아니지만 그래도 성경을 정성껏 보기도 하고 제방에서 기도도 하고 스스로 명상도 했습니다. 톨스토이와 같이 순수한 진리성으로 기독교를 믿는 쪽으로 지낸 분들의 책이 좋아서 읽기도 하는 그런 미숙한 정도였습니다.

그러면 큰 스님께서 출가하신 인연은 어떠한 인연이셨는지요.

철학을 좋아해서 동서양 철학서적을 이것저것 약간 섭렵했습니다. 동양철학을 보면서 물론 불교서적을 보지 않았겠습니까. 그래서 불교입문서도 보고 법화경도 보고 승려가 되기 전에 나름대로 불교의 윤곽은 잡았었습니다.

그런 후에 제 집안의 6촌 동생이 절에 있으면서 공부하기 좋은 곳이 있다고 해서 '아, 그러느냐' 고 하고서 바로 따라 나섰습니다. 절에 가서 수양도 좀 하려고 마음먹었는데 워낙 위대한 스승을 만났기 때문에 그냥 미련 없이 다 뿌리치고 출가해버렸지요.

스승이신 금타스님의 어떤 점이 위대하시다고 보셨습니까?

그 어른에게서는 어떤 점에서 보든지 자기 개인이라는 생각은 전혀 없고 진리의 불덩이같이 보였습니다. 그리고 그 어른의 법문에서 제가 기독교나 현대과학에서 가지고 있어서 막혔던 문제가 조금도 어긋남이 없이 다 풀리니까요.

오랫동안 가졌던 회의가 풀리니까 젊은 사람으로서는 환희용약이 되지 않을 수 없었습니다. 더욱이 수행론이 철저해서, 이런 방법을 취하면 꼭 성불할 수 있다 하는 방법론에 대한 확신이 서게 되니 다른 길을 갈 수가 없었습니다.

그러면 그 수행론 중에 장좌불와(長坐不臥)나 일종식 같은 것이 있습니까?

그런 것은 없습니다. 부처님 수행론에도 장좌불와나 일종식 같은 것은 없습니다. 부처님 수행론은 중도이기 때문에 어디까지나 절대로 무리되는 것은 없습니다.

그 사람 근기에 따라서 수행하도록 되어 있으나, 기본적인 출가수행자의 계율이 가사, 출가수행자는 오후불식(午後不食)이라 하여 오후에는 먹지 말라는 것입니다. 또 잠도 아침에 한번 일어나면 밤에 취침할 때까지 눕지 말라는 것입니다.

'장좌불와'를 하라는 강요는 않습니다. 장좌불와는 개별적으로 과거에 하신 분들 따라서 자기가 용맹심을 내서 하는 것입니다. 다만 오후불식은 철저하게 지켜야 하는 것이고 잠도 병자가 아닌 한에는 한번 일어나면 취침시간이 아닌 한 앉아서 공부할 것이지 자리에 눕지 말라는 것이 있습니다.

큰스님께서는 40여 년 간을 일종식을 하시고 장좌불와를 하셨습니까?

저는 그렇게 철저한 셈은 아니었지요. 그러나 하여튼 원칙을 그렇게 세웠습니다.

하루에 한 끼니만 먹으면 그렇게 편해요. 그리고 토굴생활을 하다 보니까 혼자 여러 끼니 해 먹기도 귀찮고 하루 한 끼만 먹으면 몸이 굉장히 가볍고 또 피의 순환이 왕성하니까 병균이 범하지 못하겠지요. 사실은 삼세(三世) 부처님은 하루 한 끼니예요.

그러나 승가생활에서 아침에 배고플 때는 죽을 먹어도 무방하다고 되어 있습니다. 그러나 원칙은 일종식이지요. 저도 역시 원칙은 지켰으나 어디에 초청되면 애써 대접하는데 안 먹으면 미안하니까 더러 먹기도 했습니다.

또 잠도 젊어서는 억지로 상을 내서 앉아서 버티었으나 지금은 몸뚱이도 쇠약해지고, 이제는 앉으나 서나 공부에 망상도 별로 나올 때가 아니고, 몸뚱이도 분명 내 마음이 머물고 있는 집이라서 너무 무리하면 그만치 장애가 될 것이고 해서 지금은 될수록 안 눕는 쪽으로 원칙은 세워놓고 고집은 않습니다.

그래서 지금은 피로하면 눕기도 하는 편이기 때문에 장좌불와를 한다고 했고 토굴생활도 아마 그래저래 근 삼십 년은 했으니까 수행자로는 꽤 많이 한 편이라고 생각합니다.

그러면 토굴생활하시는 동안 죽 묵언을 하셨습니까?

거의 다 묵언이었지요. 토굴생활이라는 것이 혼자이니까 저절로 묵언이 되지요.

그러나 한 4년 동안 오로지 묵언을 지키고 안 나오기도 했고 어떤 때는 1년 만에 나오기도 하고 반 년 만에 나오기도 하고 그랬지요.

그래서 오로지 묵언이라고 할 수는 없었습니다만 거의 묵언이었습니다. 그러니까 묵언도 저같이 많이 한 사람은 드물겠지요. 그러나 그것이 좋은 것이라고 볼 수는 없는 것이고, 또한 토굴이라고 해서 흙을 파놓고 그 속에 들어가 있는 것이 아니라 조그만 움막 같은 집에서 사는 것을 토굴생활이라고 합니다. 그래도 철저히 검소하게 생활했었습니다.

그러면 토굴에서는 어떻게 식사를 하셨습니까?

그러니까 제가 먹는 것은 낮에 한 때인데 아궁이에 불을 지필 때는 밥을 해서 먹기도 하고 반찬은 깨와 소금을 볶아 섞은 것이나 김가루를 간장으로 버무린 것이 고작이었습니다. 산중생활에 김치 같은 것을 누가 갖다 주어도 오래 놔두면 그냥 쉬어버리고 며칠 먹으면 없어져 버리니까 못 먹는 때가 보통이었지요.

단무지 같은 것도 누가 가끔 갖다 주기도 하고 또 조금씩 얻어다 먹기도 하고 그랬었습니다. 사실은 그런 정도가 아니라 보리 미숫가루만 먹고 삼 개월 간 지내기도 했어요.

그것도 결제를 들어갈 때 짐도 무겁고 하니까 마을에서 서너 되나 미숫가루를 해주면 그것으로 한철을 지내기도 했습니다. 그때는 제가 삼십대라서 미숫가루를 물에 타서 먹어야 배도 차고 한 것 같았어요.

그렇게 하루에 한 컵씩 먹고 삼 개월 동안 지내기도 하고, 어떤 때는 둥굴레 가루만 먹고 삼 개월 동안 지내기도 하고, 어떤 때는 생쌀을 물에 불렸다가 한 숟갈 씩 먹기도 하고, 하여튼 제 토굴생활이라는 것은 표현하자면 비참한 생활이었지요.

그래서 어떤 때는 내가 내 몸뚱이를 너무나 학대하지 않는가 하여 몸에 대해 가엾은 생각을 하기도 했습니다만 역시 저에게는 유익했다고 생각이 됩니다.

그러면 그런 수행방법을 큰스님께서는 권장하십니까?

권장은 않습니다. 그러나 저에게는 다분히 유익했다고 봅니다. 그리고 어느 정도 공부에 힘을 얻어야 그렇게 할 수 있다는 생각이 듭니다. 가령 이렇게 앉아 있으면 조금도 몸에 부담이 없고, 마음이 절로 고요해지고, 가만히 있으면 있는 만큼 더 맑아지고 그런 때는 별로 에너지 소모되지 않으니까 건강에 별로 지장이 없겠지요.

그래야지, 혼침도 미처 참지 못하고 망상만 피우고 그럴 때는 에너지 소모가 많이 되니까 지장이 있겠지요. 그러나 제가 철두철미하게 다 바르게 살았다는 것은 아닙니다. 요즘에는 저같이 토굴생활을 하려는 사람은 거의 없을 것입니다. 그래서 권고할 생각은 없습니다.

그 때 큰스님께서 수행하실 때 염불선을 하셨습니까?

그렇습니다. 저는 금타 화상에게 가르침을 받은 뒤에 선방에도 몇 철 다녀봤지만 너무 위대한 분을 스승으로 모셨기에 달리 스승을 찾을 생각을 하지 않고 내 공부, 내가 혼자 할 것이지 누구를 찾아가서 또 배울 필요가 없다는 생각이 들어 토굴로 갔습니다.

그리고 사십대에는 모범적인 선방을 만들어 사람을 키워보려고 토

굴에서 나와봤지만 그것이 잘 안 됩니다. 안 되는 것은 제 역량부족
이기도 하고 인연이 아직 성숙되지 않아서였겠지요.

그래서 다시 토굴로 들어가고 또 나와보고 그러다가 육십 넘어서
온전히 나왔지요. 이제 가까스로 십 이삼 년밖에 안 됩니다.

큰스님께서 미국에서 이루고 싶으신 모범적인 선원에 대한
말씀도 해주십시오.

저는 부처님 당시의 정통선을 미국에 뿌리내리고 싶어요.
정통선이란 화두선에도 안 치우치고 묵조선에도 안 치우치
고 염불선에도 안 치우치고 모두가 본래불심자리, 중도실상의 불성
자리만 안 떠나면 된다는 생각입니다. 그런 식으로 선을 밝히고 싶
어요.

그래서 그렇게 한다면 크리스천이나 이슬람도 자기들이 믿는 신앙
의 대상이 진정으로 공변된 진리만 된다면 누구나 다 마땅히, 누구나
다 모두 성불이 되겠지요.

그리고 생활규범만은 부처님 당시의 청규대로 하고 싶습니다. 일

230

반대중들은 제가 하는 대로 따르라고 그렇게 무리는 하고 싶지 않습니다. 학교도 다녀야 되고 현대 학문도 배워야 되고 운전도 해야 하기 때문에 저처럼 방안에 가만히 앉아 있는 사람같이 하루에 한 끼 먹기는 어렵겠지요. 그러나 오후불식만은 꼭 지켜야겠는데 그 분들이 따라오겠는가, 안 따라오겠는가 하는 생각이 듭니다.

오후불식을 재가불자들에게도 권장하십니까?

재가불자들은 6재일이 있습니다. 6재일 동안은 출가한 사람과 똑같이 하루에 일종을 합니다. 재가불자도 한 달 가운데 여섯 날을 출가한 셈치고 하라는 것입니다. 그러니까 원칙은 재가불자도 청규를 다 지켜야 하는 것인데 가정이 있어서 그렇게 안 되니까 한 달에 6일이라도 지키라는 의미가 되겠지요.

그래서 6재일이 나왔는데 그 날만은 내외간에도 같은 잠자리에 들지 않고 고기도 안 먹고 허튼 말도 않고 하루 한 끼만 먹고 오로지 부처님 공부만 하라는 것입니다. 기독교식으로 하면 주님만 생각하라는 것입니다.

이른바 문화라는 것이 따지고 보면 이렇게 서로 교류가 됩니다. 주님만 생각해야 한다는 주일이 6재일이 되겠지요. 저는 미국에서 하는 경우에도, 좀 무리가 되고 배고프면 우유라도 좀 마시더라도 오후불식만은 꼭 하는 것이 우리 출가수행자가 해야 할 도리라고 생각합니다.

스리랑카 절들은 지금도 오후불식을 지키고 있습니다. 하루 한 끼니만 먹게 되면 분위기가 굉장히 긴장됩니다. 그런데 하루 세끼 꼬박 먹으려면 성가시기도 하고, 사람 위장이 많이 먹어 놓으면 몸도 무겁고 게을러지고 비대해지기 쉽습니다.

그러니까 적게 먹으면 먹는 양에 비해서 흡수를 많이 하는 셈이지요. 그리고 피도 맑아지는 것입니다. 많이 먹으면 배설을 많이 하니까 흡수하는 비율은 적어집니다.

그리고 또 최초의 인간은 음식을 먹지 않았습니다. 광명을 몸으로 하였으니, 광명은 불생불멸의 생명이기 때문에 먹을 필요가 없지요. 부처님 경전에 보면 최초의 인간은 식식(識食)이라, 마음으로 음식을 삼았다는 뜻입니다.

환희하는 행복을 음식으로 하고, 법희선열(法喜禪悅)을 음식으로 하고, 법을 음식으로 한다는 말입니다. 우리가 부처님 법에 대해서 환희심으로 충만하다면 그 때는 안 먹어도 마음이 충만하지만 마음이 답답하고 막히고 남을 미워할 때는 필요 없이 자꾸 먹게 되고 하지 않습니까.

출가불자는 사분정근이라 해서 표준시간이 새벽 두 시간, 오전 두 시간, 오후 두 시간, 밤 두 시간 합이 여덟 시간입니다. 조금 정진을 더 한다면 열 시간도 하고 열두 시간도 합니다. 그러나 재가불자는 그렇게 하기가 곤란하겠지요.

태안사(泰安寺) 선방에서 참선하는 시간은 여덟 시간이 표준입니다. 새벽 두 시간, 오전 두 시간, 오후 두 시간, 밤 두 시간 말입니다. 태안사에서는 여름이나 겨울이나 한 이십여 명씩의 재가불자들이 꼭 참선을 합니다. 출가불자 선방은 위에 있고 재가불자 선방은 밑에 있습니다.

앞으로 여기에서도 저희 계획대로 되면 올 겨울쯤에는 재가불자, 출가불자가 다 같이 정진을 하려고 생각합니다. 그래서 올 여름에는 가급적이면 법당을 지으려고 합니다. 왜냐하면 지금 법당을 선방으로 써야 하거든요. 그러면 사십 명 정도는 충분히 앉을 수 있겠지요. 그러니 법당이 따로 있어야 되지 않겠습니까.

보통은 겨울에 부처님 성도재일을 계기로 해서 한 7일 동안 용맹정진을 하고 성도재일에 해제를 합니다. 여름에는 그때그때 상황 따라 대중끼리 상의해서 결정을 합니다. 그러나 지금 사람들은 용맹정진을 잘 하지 않으려는 사람도 있어서 안하는 데도 있습니다.

일주일 동안 안자고 안 눕고 배긴다는 것이 어렵긴 합니다. 그러나 해보면 되는데 습관을 바꾸려면 대단히 어렵겠지요.

그리고 근본 정통선을 익혀야만 참다운 선정의 힘도 얻을 수가 있는 것이고, 도력도 나오는 것입니다. 정통선으로 해서 사선정(四禪定), 사공정(四空定), 멸진정(滅盡定)까지 못 나간다면 우리 자성이 갖추고 있는 무량공덕을 발휘할 수가 없습니다.

원래 우리 자성 가운데는 삼명육통(三明六通)등 무량공덕이 갖춰져 있는 것인데, 삼매(三昧 : Samadhi)로써 습기를 녹여야 무량공덕이 나올 것인데 습기를 못 녹이고서는, 아까 제가 말씀드린 바와 같이 지혜해탈만 해서 아는 것은 제법 알지만 선정해탈로 삼매에 못 들면 습기를 못 녹이니까 자기 버릇을 못 떼어서 원래 갖추어 있는 무량공덕을 발휘하지 못한다는 말씀입니다.

그러면 결국 부사의한 신통공덕을 무시하게 되겠지요. 그래서 불교가 다시 옛날 도인들처럼 화광삼매(火光三昧)에 들어서 자기 스스로 불을 내어 자기 몸을 태우는 정도의 도력이 나와야 되지 않겠습니까.

그래야 현대 물질사회에 젖은 사람들이 따르게 될 것이고, 제도하기도 쉽기 때문에 사선정, 사공정, 멸진정인 근본선을 한사코 닦아야 할 때라고 생각합니다. 부처님의 육성 같은 아함경을 보면 여러 군데에 언급되어 있습니다만 일본 사람들이 해 놓은 번역도 보면 아함경을 풀이하는 데 있어서 그런 대목은 역설을 잘 안 했어요. 삼매에 관해서 지금 현대인들은 참 인색합니다. 학자분들은 거의 삼매에 대해서 아예 관심을 두지 않으려고 생각하는 것 같아요.

그런 것은 자신들이 경험이 없기 때문이 아닐까요?

대개 교리로서 한 체계를 세워놓으면 그것으로써 다 한 줄 아는 것입니다. 그러나 불교란 결국 기도를 하든지 염불을 하든지 우리 마음이 일념이 되고 업장이 녹아서 삼매에 들어야 합니다. 불교나 기독교나 바른 깨달음, 바른 계시를 받으려면 꼭 그래야 합니다.

예수 그리스도가 요단강 하반에서 40일 동안 금식기도를 했다는 것도 그 때에 깊은 삼매에 들었겠지요. 또 마호메트가 힐라산 동굴에서 3년 동안 지낸 것도 깊은 삼매에 들었었다고 생각이 됩니다. 어떤 누구나가 꼭 성자가 되려면 그런 과정이 필요한 것인데, 과정이 없이 성자가 되려고 하니까 무리가 생기고 폐단이 생기지 않겠습니까.

큰스님, 저희 같은 사람도 가능할까요?

달마와 내가 둘이 아닙니다. 겉의 형상은 다르다 하더라도 근본성품은 조금도 차이가 없다고 보아야지요. 누구나가 삼명육통을 다 할 수 있고, 위대한 공덕이 있는 성자와 내가 조금도 차이가 없다고 보는 것이 불법이 아니겠습니까.

다만 우리가 닦고 안 닦고 또는 얼마만큼 닦을 것인가 이것이 문제입니다. 선근이 깊지 못하면 자꾸만 후퇴합니다. 닦다가도 조금만 피로하면 '편히 살 것인데 괜히 사서 고생한다'는 생각이 들기도 하고 말입니다.

어떤 사람이 저에게 다른 스님들은 편하게 승려 생활을 잘하는데 무슨 필요로 그렇게 까다롭고 옹색하게 하느냐고 해요. 딴은 그 말도 아예 삼매정진을 무시한다면 옳은 말이라고 할 수도 있겠지요.

그리고 법문에 무문관(無門關)이라 할 때, 문이 없는 문
으로 번역하는 것이 보통인데 스님께서는 어떻게 보시는
지요?

그것이 오류는 아니지요. 내나야 제법이 공이니까 문이 없는
문이라 할 수 있고 구체화시키면 명상(名相)을 떠난, 제법이
공인 도리를 깨닫는 관문이라고 생각해야 무문관이 되겠지요. 그래
서 제법공의 관문을 넘어야 한다는 뜻입니다.

그리고 또 금타스님께서는 반야심경을 번역하실 때 본래
낳지 않았기 때문에 죽지 않는다고 하셨습니다. 보통은 낳
지도 않고 죽지도 않는다고 번역하는데 그 차이가 무엇입
니까?

금타스님께서는 본체를 철저히 보기 때문에 그런 말씀이 되
었겠지요. 현상적인 의미에서 본다면 낳지도 않고 죽지도 않
는다고 볼 수 있지만 본체에서 본다고 생각할 때는 모두가 상주부동
(常住不動)이라, 언제나 변치 않는 불성뿐이니까 말입니다. 본체를

보다 철저하게 보았다는 것이 되겠지요.

제가 그 차이를 보고 의문이 있었습니다.

그런 것이 금타스님의 특이한 부분입니다. 또 그렇게 되어야 공이 철저하지 않겠습니까. 사실 낳지도 않고 죽지도 않는다 하면 모호한 말입니다.

그렇지요. 그러면 낳을 수도 있고 죽을 수도 있다는 뜻이 되지 않습니까.

그렇습니다. 그래서 모호합니다. 현상계는 실존에서 보면 있다고 볼 수도 없는 것이고, 제법이 공이라는 도리에서 보더라도 마땅히 본래로 공이라는 것 아닙니까. 제가 가끔 인용합니다만 키에르케고르는 실존주의 철학자이자 기독교 신도인데 참다운 실존은 하나님 앞에서만 실존이라는 것입니다.

그 말은 뒤집어서 불교식으로 생각해보면 깨달은 분상에서 보아야 참다운 실존을 체험한다는 뜻이 되겠지요. 그 외에는 모두가 참다운 실존이 못되고요. 그래서 현상적인 것에 따르는 것은 키에르케고르의 말에 의하면 '죽음에 이르는 병' 이란 말입니다.

그리고 우리는 나나 너나 모두가 죽음에 이르는 병을 앓고 있는 것 아니겠습니까. 그래서 철인들은, 특히 그리스의 소크라테스 이전의 헤라클레이토스는 우주의 본체를 불로 보았습니다. 곧 하나의 광명으로 보았다는 것을 의미하겠습니다.

13세기 수피의 위대한 스승인 '위군이랍' 이라는 분도 우주의 본질을 광명으로 보았거든요.

그렇습니다. 최근 라즈니쉬 같은 분도 훌륭한 천재이기 때문에 모든 본질을 광명으로 보았습니다. 그러나 본인이 스스로 광명을 온전히 체험을 못한 것 같아요. 그런 데서 문제가 생기지 않겠습니까.

그런데 그 광명이 어떻게 해서 지·수·화·풍, 사대(四大)로 나왔는가 하는 것은 금타화상께서 비로소 밝혔습니다. 그 문제가 굉장히 중요합니다. 지·수·화·풍, 사대라는 것이 현대말로 하면 각 원소나 원자가 아니겠습니까.

그러면 그런 것이 어떻게 해서 나왔는가 하는 것을 '우주의 본질과 형량'이라는 저술로 자세히 밝혔습니다. 그러니까 물질이 아닌 순수한 에너지를 극미라고 하는데 극미의 합성인 금진(金塵)이 좌편으로 돌면 인력(引力)인 자기(磁氣)가 발생해서 양성자가 되고, 순수에너지인 금진이 우편으로 선회하면 그것이 척력(斥力)이 되어서 전자가 된다는 것입니다.

금진이 음양에 따라서 양성자가 되고 전자가 되고 또 그것들의 결합 여하에 따라서 산소가 되고 수소가 된다고 하였습니다. 그러니까 그런 문제를 밝힌 것은 금타화상의 불세출의 공이라고 생각됩니다.

순수 에너지로부터 물질이 어떻게 나왔는가. 물질과의 관계가 어떻게 되는가 하는 것은 굉장히 중요한 문제가 아닙니까.

아인슈타인도 통일장의 원리를 알려고 애썼지만 결국은 모르고 죽었습니다. 모를 수밖에 없는 것이 성자가 아닌 범부는 물질이 아닌 순수에너지를 체험할 수 없기 때문입니다. 생명 자체를 중도실상의 생명으로 체험을 못한다는 말입니다.

번뇌를 녹여서 성자가 되어야만 중도실상의 생명을 체험할 것인데, 아인슈타인이 위대한 과학자는 되어도 성인은 아니므로 번뇌에 가려져 통일장이 무엇인가 분명히 있기는 있다고 유추는 했어도 확실히 체험은 못하고 말았지요.

금타스님께서 쓰신 금강심론(金剛心論)을 보면 그런 대목이 있어요. 중생의 육안은 번뇌로 때묻은 오염된 육안이기 때문에 우리가 금진(金塵; 금속의 틈을 통과할 정도로 아주 미세한 대상)의 세계를 알려고 할 때는 중생의 욕계번뇌를 없애야 한다고 말입니다. 그래야 비로소 천안통이 나온다는 것입니다.

욕계번뇌의 뿌리를 뽑으면 천안통이 나오는 것입니다. 저부터도 천안통이 못 나온다는 것은 아직은 욕계번뇌를 뿌리까지는 미처 못 뽑았다는 것이 되겠지요.

꾸스님께서 겸손의 말씀이 아니신지요?

아닙니다. 역시 저도 번뇌의 뿌리가 뽑히려면 천리만리지요. 평생 동안 노력해야지요. 번뇌의 뿌리가 뽑히면 발이 하늘로 뜬다는 말씀이 경론에 있습니다.

241

　　예, 전혀 무게를 못 느낀다는 것이지요. 사실로 무게가 있지
　　도 않는 것인데 나라는 관념, 번뇌 때문에 상(相)을 내고 무게
를 느끼는 것입니다.

　일체유심조라, 관념이라는 것이 모든 걸 창조합니다. 남을 미워하
면 우리 몸에서 '아드레날린'이란 독한 호르몬을 낸다고 하지 않습
니까. 마음이 흐뭇하면 '엔돌핀' 호르몬을 내고요.

　　그렇습니다. 순수하게 사랑하면 그만치 우리를 정화시키는
　　것입니다. 그러나 욕심을 부리면 그만치 집착하는 마음 때문
에 세포가 오염됩니다. 모든 집착을 다 여의면 본래가 공인지라 무게
를 못 느끼는 것입니다.

　그래서 마음만 먹으면 하늘로 올라갈 수 있기 때문에 도인들은 세
속인들이 교만심을 내면 공중에서 십팔신변(十八神變)이라, 열여덟

242

가지로 신통을 하지요. 요즘 사람들은 이런 말을 옛날 신화처럼 여겨요. 그러나 현대 물리학적으로 충분히 변증할 수가 있습니다.

원래 에너지는 물질이 아니기 때문에 제로를 천만 번 곱하고 더해도 제로는 제로이듯, 원래 무게가 없는 것인데 우리 중생은 대류권 내에서 번뇌에 가려 무게를 느끼는 셈입니다.

그렇기 때문에 우리가 염불을 해도 광명이 바로 지혜이므로 광명을 안 놓치고 명호를 외워야 정혜쌍수(定慧雙修)가 되고 지관일치(止觀一致)가 됩니다. 성자의 말은 모두에 통달합니다.

지관일치라든가 정혜쌍수라는 의미를 화두만 열심히 의심하면 정혜쌍수라고 하지만 그렇게 해서는 정혜쌍수가 못됩니다. 이치에 맞게 해야지요. 진리를 관조하는 지혜와 지속적인 선정이 함께 나아가야 정혜쌍수가 되는 것입니다.

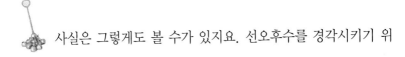

그러면 옛날에 벽돌로 거울을 어떻게 만드느냐 고사가 있었지요. 그것이 바로 선수후오(先修後悟)를 비유한 말이 아니겠습니까.

사실은 그렇게도 볼 수가 있지요. 선오후수를 경각시키기 위해서 그렇게 비유했을 수도 있습니다. 물론 다른 뜻도 포함해서 얘기하지만 결국 그렇게 보는 것이 옳다고 생각합니다. 부처님께서 일관되게 그렇게 말씀하셨으니까 말입니다.

길을 갈 때는 먼저 길목을 알아야 되겠지요. 실천에 앞서서 이론이 있어야지 이론 없이 실천만 있으면 맹종이 되는 것이고 빗나갈 수도 있지 않겠습니까. 그렇기 때문에 꼭 이론이 앞서야 하는 것입니다. 또한 석존께서 밝혀놓으시고 무수한 성자가 탄탄대로를 닦아놓으신 그대로 따라가면 되는 것인데 길목도 연구하지 않고서 동서를 헤매면 어떻게 되겠습니까.

그렇기 때문에 안심법문이라는 것은 편안하게 되어 있는 길, 환한 길을 가면 되는 것이지 억지로 이것인가 저것인가 상대적인 의심을 해서는 마음만 피곤할 뿐입니다.

그리고 부처님께서 꿈같다고 했으면 분명히 꿈같다고 보려 하고 그림자를 그림자로 여겨서 집착을 뿌리치면 몸도 가볍고 마음도 가뿐하고 공부가 잘 풀리는 것입니다. 이 몸뚱이 이대로 있다고 인정하고 공부하는 것과 이 몸뚱이 본래로 비었다고 생각하고 공부하는 것은 하늘과 땅의 차이가 있습니다.

큰스님, 그럼 무엇보다도 반야심경을 열심히 공부하는 것이 중요하겠네요.

예, 반야심경 공부가 굉장히 중요합니다. 부처님께서도 반야바라밀을 알아야 대승이라고 하셨습니다. 반야가 있어야 불법입니다. 물고기가 물을 떠나면 죽듯이 반야를 떠나는 것은 마치 물밖에 난 고기와 같다는 것입니다.

또 용이 구름이 있어야 하늘로 올라가듯이 우리 수행자가 결국 반야를 얻지 못하면 소승이요, 속물인 것입니다.

반야 없이 하는 일은 실한 것이 될 수가 없습니다. 참선이나 기도나 화두나 다 그렇습니다.

일체만유가 연기법으로서 진여불성이라는 생명의 실상으로부터 인연을 따라서 잠시 이루어진 것이니까, 잠시 나온 것은 고유한 것이 없고 서로 상관적인 것이고 순간적인 것입니다. 그래서 고유한 내가 없고 네가 없기 때문에 무아(無我), 무소유(無所有)인 것입니다.

억지로 부처님께서 욕심내지 말라고 한 것이 아니라 본래 법 자체가 공이요, 무아요, 무소유라는 말입니다. 그런 견지에서 행해야 보살행이 되는 것이고 반야바라밀인 것입니다.

바라밀이라는 것은 바로 보살행입니다. 계행을 지키든지 보시를

無무
我아 … 眞진
我아(大대
我아)

하든지 참선을 하든지 기도를 모시든지 반야바라밀의 조명이 있어야
비로소 참다운 창조적인 생명의 비약이 있게 되는 것입니다.

큰스님, 오늘 오랜 시간 말씀해 주셔서 감사합니다.

246

※

開형 散해지싹 之色　思慮之心　從無始來

因인 緣면 力력 故고、　念念　生滅성 相상

續닉 身신 心심　無궁 窮　如水涓涓　如燈焰焰　即즉 起기

之지 執집　之지 爲위 我아　似사 似사 常상　凡범 愚 不覺

身신　假가 合　寶보 此我 故고、

貪탐 瞋치 痴치 等등　三삼 毒　三삼 毒 擊격 意의

發발 嘉身 口子　造조 一切 業　原원 人론 論론

나무아미타불(南無阿彌陀佛)!

247

미래를 여는 지식의 힘—

(주)상상나무 :: 도서 **상상예찬**

http://www.smbooks.com Tel. 02-325-5191